말씀과 함께 배우는 예수 그리스도 부활의 의미

당신은 하나님의 사랑하는 자녀입니다.
당신을 영원히 구원하시기 위해 예수님이 이 땅에 오셨습니다.
당신이 돌아오길 기다리고 계시는, 부활하신 예수님을 소개합니다.

믿음의 기본 다지기
초신자 복음
7-Days Master

북샤인

만약에 너에게 생명의 능력이 있다면?

소리야 안녕! 잘 지냈어?

찬양아 반가워. 내가 이사 가고 나서 진짜 오랜만이다.
나는 요새 그냥 그래. 사는 게 재미 없달까?

무슨 일 있어? 그러고 보니 힘도 없어 보여.

요새 스트레스가 좀 많아서 그런가?
뭔가 다들 열심히 멋지게 살고 있는데 나만 뒤떨어진 기분이야.
친구나 가족한테도 마음 편히 의지하지 못하겠어고 말이야.

정말 답답하겠다. 나도 그런 기분 느낀 적 있어.

너도 그랬어? 찬양인 정말 밝아서 안 그럴 줄 알았어.
너는 이렇게 무기력하고 우울해질 때 어떻게 하는 편이야?

난 내 이름대로 찬양을 부르는 편이야!

그렇구나. 난 이름이 찬양이 아니라서 그 방법은 안되겠다. 하하.

소리야 그럼 내가 재밌는 얘기 하나 해줄게. 한번 들어봐줘!

만약에 너에게 '생명의 능력' 생긴다면 어떨 것 같아?

생명의 능력? 그게 뭔데?

생명이 없는 것들은 살아나게 할 수 있고, 생명이 있는 동물이랑 식물은 우리와 직접 말하며 소통할 수 있게 해주는 능력이야. 그들에게는 네가 주인이 되는거지.

우와 멋진 대? 그럼 토이스토리 영화처럼
장난감이 살아나게 할 수도 있어?

물론이지! 또 하나! 생명을 줄 수도 있지만, 생명을 다시 가져갈 수 있어. 죽음까지도 네가 정할 수 있는 거야. 멋지지? 너에게 이 능력이 있다면 사용할까?

응, 사용해 볼래! 나만의 비밀 친구를 만들고 싶어!

좋아, 이제 능력이 있는 거다! 너는 어떤 것들에 생명을 줄 거야?

내가 가장 아끼는 인형들을 살아나게 하고..
또 키우는 반려동물도 당연히 소통하게 만들 거야.
또 내 방의 꽃들도 능력을 줘볼래!

짠! 그들은 이제 살아났어!
너의 말을 듣고, 너와 대화할 수 있어. 온전히 네가 그들의 주인이야. 그들은 자신에게 생명을 준 주인을 정말 사랑하지. 이때, 피조물이 로봇처럼 명령에 따라서만 움직이고 말을 하기 원해? 아니면 우리처럼 자유롭게 말을 하고 감정을 표현하길 원해?

당연하게 자유롭게 만들어야지! 내 명령에 따라서 움직이고 말한다면 생명의 능력을 사용한 의미가 없지 않을까?

그 피조물이 자유로워지면 너도 그들을 사랑하고 아낄 거야?

물론, 원래도 소중한 것들에 생명의 능력을 넣은 거니까. 친구이자 자식 같을 것 같아. 그 친구들을 정말 사랑하게 되겠지.

그들 중 몇은 똑똑하지만, 몇은 바보 같아도?

그건 중요하지 않을 것 같은데? 나는 친구이자 가족을 만들고 싶던 것이니깐. 서로 아끼면서 친하게 놀 수 있다면 될 것 같아.

진짜 멋진 생각이다! 이제 너와 피조물이 행복한 시간을 보냈다고 가정을 해봐. 문득 한 가지 큰 문제가 생겼어.
주인인 너는 상황을 해결할 결정을 해야 해.

그게 뭔데?

피조물이 처음에는 주인인 너를 사랑하고 따랐는데, 시간이 많이 지나니 자신에게 생명의 능력을 준 게 너라는 것을 잊은 거야. 원래부터 자기들은 그렇게 살아 있던 존재라고 생각하게 됐어. 그러자 점점 너의 말을 듣지 않고, 말썽을 부리기 시작 한 거지.

그러면 조금 곤란한데…

근데 상황은 점점 더 심해졌어!
일부 똑똑한 피조물이 선동해서 너에게 반항하기까지 이르러.
너를 욕하고, 원망하고, 공격하는 거지. 더 나아가 다른 주인을 만들고 섬기는 거야. 그렇게 해서 너를 완전히 잊고 피조물 간에 지배하려고 한 나쁜 이유야. 이때 너는 다시 피조물에게 다 죽음을 줄 수도 있어. 어떻게 할래?

어렵다... 너무 화나는 건 사실이지만 그렇다고 바로 죽음을 주진 않을 것 같아. 어쨌든 나에게는 소중한 존재였으니까.
일단 잘못을 하면 벌을 주면서 조금 기다려볼게…

어느 정도?

글쎄… 1달? 나도 계속은 못 참으니까.. ㅜㅜ

좋아. 근데 그들의 문제를 제거할 딱 한 가지 방법이 있어,
그 방법을 행하면 그들은 다시 예전처럼 돌아가는 거야.
계속 가족이자 친구로 지낼 수 있어. 방법을 알려줄까?

응. 그 방법이 뭔데?

그 방법은... 피조물을 위해서 너의 사랑하는 가족 중 누군가 죽을 만큼 힘든 고통을 겪고 다쳐야 하는 거야. 그 벌은 한순간에 끝나는 것도 아니고 꽤 오랜 시간 고난도 겪어야 해. 어때?

아니 그건 좀… 피조물을 살리자고
내 진짜 사랑하는 사람을 어떻게 고통스럽게 해. 말도 안 되지!
차라리 피조물이 계속 잘못하면 다시 새로 만드는 게 낫겠다!

그 피조물은 다시 새롭게 만들어도 이전의 존재와 같지 않아.
그리고 너는 그 피조물을 정말로 사랑했어. 그래도?

응. 아무리 사랑했어도 어떻게 진짜 사람과 견줄 수 있겠어.
누구에게 물어봐도 똑같은 대답을 할걸?

나도 그렇게 생각해. 근데... 그 방법을 진짜 행한 분이 있다?

설마? 누군데?

사실 이 이야기에는 비밀이 있어.
그 잘못을 저지른 피조물이 바로 사람인 '우리'야.

갑자기 그게 무슨 소리야? 피조물이 우리라니?

혹시 하나님과 예수님 이야기를 들어본 적 있니?

그냥 기독교에서 믿는 신이라는 것 정도? 나 교회 안 다니잖아.

맞아. 기독교에서 믿는 유일한 신이 하나님이야. 내가 방금 짧게 들려줬던 이야기가 하나님이 예수님을 우리를 위해 이 땅에 보내셔서 대신 벌을 받았다는 내용이야.
너에게 생명의 능력이 있을 때, 그 만든 피조물을 사랑하고 아낄 것 같다고 말한 것처럼 하나님은 우리를 너무 사랑하시거든. 그리고 그 사랑의 깊이는 대신 죽으실 만큼 크시거든.

신이 있다고 생각해 본 적 없어서 나한테는 좀 어려운 것 같아.

당연히 그렇지! 나 같아도 무작정 창조주 신이 있다고 하면 믿기 어려울 텐데. 근데 한 가지 말하고 싶은 건, 네가 능력으로 피조물을 만든다고 했을 때 그들을 사랑으로 친구하고 가족이 되고 싶어 하는 마음이 있었지? 하나님도 마찬가지야. 아니 더 크고 놀라운 사랑이지! 그래서 지금도 잃어버린 그의 자녀를 찾고 기다리고 있으시니까. 그래서 너에게 이 시간에 하나님과 예수님 이야기를 한번 들려주고 싶어. 괜찮을까?

음... 일단 한번 들어 볼게.

Contents

어떤 순서로 이야기를 들려 줄 건데?
듣다가 내가 궁금한건 질문해도 돼?

물론이지! 어떤 질문이든 환영이야.
7단계로 천천히 복음을 이야기해줄게.

DAY.1 하나님의 창조 — 12

DAY.2 죄와 타락 — 22

DAY.3 하나님의 약속 — 36

DAY.4 예수님의 탄생 — 50

DAY.5 예수님의 사역 — 62

DAY.6 예수님의 죽음 — 80

DAY.7 예수님의 부활 — 96

세상은 어떻게 만들어졌을까?

"하나님이 말씀으로 창조하시다."

만물이 그에게 창조되되 하늘과 땅에서 보이는 것들과
보이지 않는 것들과 혹은 보좌들이나 주관들이나 정사들이나 권세들이나
만물이 다 그로 말미암고 그를 위하여 창조되었고

- 골로새서 1장 16절

1-1

신은 어떻게 세상을 창조한 건데?

말씀으로 온 세상을 만드셨어.

천지 창조

우리가 살고 있는 이 아름다운 지구! 바로 이 세상은 어떻게 만들어졌을까요? 언제부터 시작되었을까요? 처음에 이 세상에는 아무것도 없었다고 해요. 오직 유일한 '신' 하나님만 존재하신 거죠. 그 내용이 성경 창세기 1장에 나와 있답니다.

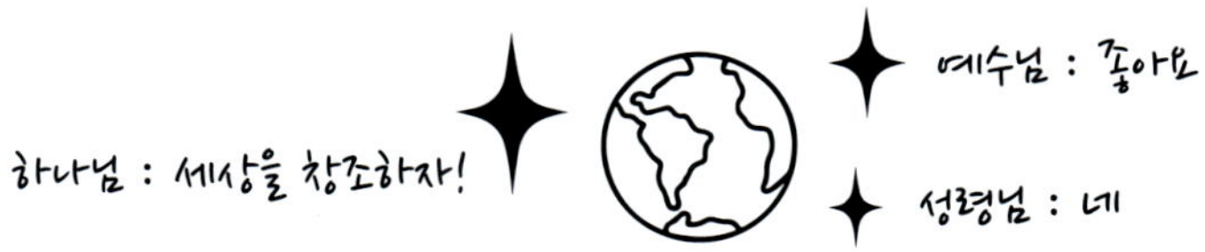

여러분 사막이 어떤 곳인지 알고 있지요? 온통 모래로만 덮인 땅 말이에요. 그곳에는 멋진 나무와 예쁜 꽃과 다양한 동물들을 볼 수 없어요. 그 사막에 혼자 있다고 생각하면 참 외롭겠죠? 태초는 그런 곳이었죠. 아무것도 없는 곳. 그런데 그 사막에 나의 소중한 친구 또는 사랑하는 사람들이 있다면 어떨까요? 또 내가 좋아하는 것들로 사막에 채워지게 된다면요? 더는 외롭지 않을 거예요. 그래서 하나님은 이 세상을 창조하기 시작하셨지요. 하나님이 보시기에 좋은 아름다운 자연과 사랑스러운 생명들을 만드셨어요. 그 모든 창조를 '말씀'으로 말이에요. 정말 놀랍죠? 하나님은 전능하셔서 무엇이든 가능하시거든요.

[창세기 1장] 개역한글

1- 태초에 하나님이 천지를 창조하시니라
2- 땅이 혼돈하고 공허하며 흑암이 깊음 위에 있고 하나님의 신은 수면에 운행하시니라

1-2

처음에 사람은 어떻게 만들어진 거야?

하나님이 정성스럽게 만드시고 호흡을 넣어주셨어.

하나님의 작품

하나님이 온 세상을 말씀으로 창조하셨는데, 그중 사람을 만드실 때는 좀 더 특별했어요. 창세기 1장을 보면, 창조의 순서가 등장해요. 이때 하나님은 사람을 가장 마지막에 만드셨고, 말씀뿐만 아니라 코에 직접 생기를 불어 넣어 영혼이 깃들어진 생명을 주셨어요. 이처럼 **하나님의 생기**가 직접 들어와 창조된 생명은 사람이 유일하지요. 사람의 영혼은 하나님의 호흡으로 생겨났기 때문에 신에 대한 본능적인 갈망을 갖고 있어요. 이는 사람이 동물보다 고차원적인 생각과 철학적인 사색을 할 수 있게 된 것이지요. 또 사람은 하나님이 직접 빚으셔서 그 **형상을 닮게** 지어졌다고 합니다. 이로써 우리는 하나님의 작품이지요.

사람이 얼마나 **특별한 존재**인지 아시겠나요? 여러분이 찰흙으로 좋아하는 모양을 만든다고 생각해 보세요. 얼마나 열심히 만들까요? 만약 그 조각이 살아난다면요? 나에게 소중한 존재가 되지 않을까요? 우리는 그렇게 하나님과 함께 이 세상을 즐거워할 수 있는 관계가 되었답니다.

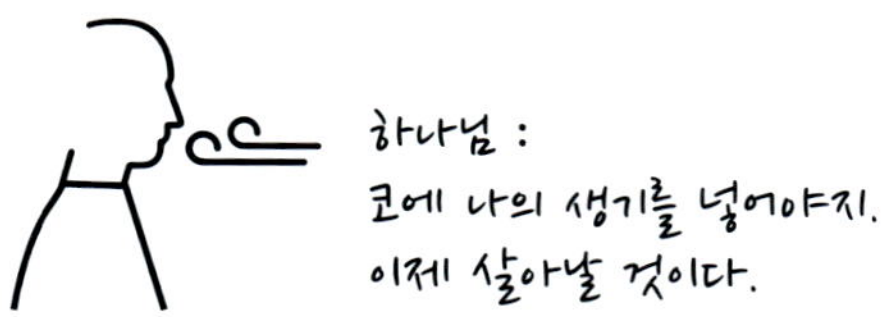

[창세기 2장] 개역한글

7- 여호와 하나님이 흙으로 사람을 지으시고 생기를 그 코에 불어 넣으시니 사람이 생명이 된지라

아담아.
내가 창조한 멋진 세상을
함께 관리해나가자꾸나.
모든 만물에 이름을 붙여다오.

하나님의 작품, 사람

첫 번째 사람, 아담

하나님은 처음에 남자를 먼저 만드셨어요. 그 사람의 이름은 '**아담**'이에요. 하나님은 아담을 에덴동산에 두셨지요. 동산에는 각종 아름다운 꽃과 나무와 열매가 가득했어요. 또 귀엽고 활기찬 동물과 생물들이 모두 함께 어울려 즐겁게 지내는 곳이었어요. 하나님이 만든 세상은 완벽한 그 태초의 세상을 사람에게 맡겨주셨어요. 아담은 여유로운 들판을 거닐고, 맛있는 과일을 자유롭게 먹으며 하나님과 즐거워할 수 있었죠. 그러던 어느 날 하나님은 아담에게 다양한 동물들을 보여주었어요. 아담이 각 동물을 부르는 명칭 그대로 그 동물의 이름이 되었지요. 하나님은 특별한 피조물인 사람에게 아름다운 자연과 생명을 관리하는 일을 맡기신 거예요. 즉 하나님의 권리와 권한을 위임하신 거예요.

이때 일을 고되고 힘든 업무라고 생각하면 안 돼요. 우리가 때때로 일을 하면서 보람을 얻고 삶의 즐거운 활력이 생기듯, 하나님이 아담에게 일을 준 것은 그의 하루가 더 풍성해지도록 축복을 준 셈이지요. 이 모든 창조의 질서만으로도 완전하고 아름다웠지만, 하나님은 아담에게 **새로운 짝**을 만들어줄 준비를 하셨어요. 축복받은 사람이 혼자 있는 것이 보기 좋지 않으셔서, 하나님안에서 번성하고 화목하게 하기 위해서지요. 또한 하나님이 위임하신 세상을 다스리라는 일을 함께 할 수 있는 돕는 배필을 아담에게 주고자 함이었어요. 이를 통해 우리는 사람과 사람의 만남은 서로를 돕고, 하나님이 맡겨주신 세상을 관리하는 자가 되어야 함을 알 수 있지요.

[창세기 2장] 개역한글

18- 여호와 하나님이 가라사대 사람의 혼자있는 것이 좋지 못하니 내가 그를 위하여 돕는 배필을 지으리라 하시니라

1-3

그럼 여자는 어떻게 만들어졌어?

아담의 갈비뼈로 만들어졌어.

첫 번째 여자, 하와

하나님은 아담에게 에덴동산의 모든 생명에 이름을 짓도록 하셨어요. 아담이 부르는 그대로 새와 동물과 곤충들이 이름을 얻게 되었어요.

"너는 멋진 용사 같으니깐 독수리!

너는 길쭉 길쭉하니깐 기린!,

너는 개굴 개굴 우니깐 개구리!..."

하지만 수많은 생물들의 이름을 혼자 짓는 건 쉬운 일이 아니었답니다. 그날 밤, 하나님은 아담에게 '**돕는 배필**'로 여자를 만들어 주기로 했어요. 하나님을 아담을 아주 깊은 잠을 재우셨어요. 잠이 든 아담의 갈비뼈 하나를 꺼내시고 그 뼈를 중심으로 새로운 사람을 빚으셨어요. 남자를 도와 함께 에덴동산을 관리할 수 있도록 더 섬세한 성격을 가진 사람을 만드셨지요. 잠에서 깬 아담은 자신의 짝이 생긴 것을 보고 매우 기뻐하였답니다. 남자에게서 나왔다 하여 **여자**가 되었고, 그 여자는 **하와**라는 이름이 생겼지요.

아담에게 돕는 배필을 만들어줘야겠어.

[창세기 2장] 개역한글

21- 여호와 하나님이 아담을 깊이 잠들게 하시니 잠들매 그가 그 갈빗대 하나를 취하고 살로 대신 채우시고

22- 여호와 하나님이 아담에게서 취하신 그 갈빗대로 여자를 만드시고 그를 아담에게로 이끌어 오시니

1-4

우리가 돕는 배필이란 게 무슨 뜻이야?

사랑안에서 서로를 도우며 성장해 나가는 거야.

돕는 배필

'돕다'라는 단어의 본래 의미에는 '구원자'가 포함되어 있어요. 도움을 받는 사람에게는 그만큼 큰 기쁨을 얻는 것이지요. 이때 구원자의 느낌은 어떤가요? 내가 감사와 존경을 표현해야 할, 왠지 하늘에서 내려주신 것 같은 수직적 느낌이 있지요? 뒤에 '배필'이라는 단어는 '나에게 딱 맞는 짝'이라는 느낌이 있어요. 짝은 나와 같은 모양, 동등한 위치에 있는 관계를 뜻하지요. 인간관계로 따지면 '친구'에 가장 가까워요.

하나님은 우리의 구원자가 맞아요. 그러나 하나님의 피조물인 사람은 다른 사람을 구원할 수 없어요. 이 때문에 하나님은 사람에게 '너의 구원자'라고 하지 않고, 돕는 배필이라고 한 것이랍니다. 하나님이 사람에게 하신 말씀 중 '이 땅을 정복하고 다스리고 번성하게 하라.'와 '함께 도와라'가 있어요. 즉, 돕는 배필이란 남자와 여자가 참 구원자이신 창조주 하나님 안에서 맡겨주신 그 땅을 다스리고 번성하기 위해 함께 돕는 존재인 셈이지요. '번성'이라는 단어가 거창하게 다가올 수 있지만, 우리는 그 의미를 아주 작은 부분에서부터 적용할 수 있어요. 나에게 주신 짝을 사랑하고 서로 부족한 면을 보완하면서 **함께 성숙해져 가는 일**이 하나님의 뜻 안에 있는 모습이지요.

[창세기 2장] 개역한글

24- 이러므로 남자가 부모를 떠나 그 아내와 연합하여 둘이 한 몸을 이룰찌로다

1-5

하나님은 우리에게 자유의지를 주셨다고?

하나님은 우리의 삶과 선택을 존중해주셨어.

자유의지

하나님이 피조물을 만드실 때 '자유의지'를 주셨어요. 자유의지는 무슨 뜻일까요? 자유롭다는 뜻은 알고 있지요? 우리는 그 의미를 '하고 싶은 대로 할 수 있는 상황'이라고 이해를 하죠. 자유의지는 말 그대로 우리의 **생각**과 **감정**에 안에서 **행동**을 어떻게 **선택**할지 자유를 주셨다는 뜻이에요. 그렇다면 자유의지는 왜 하나님의 특별한 선물일까요? 왜냐하면 하나님이 창조한 피조물이 말을 듣지 않는 상황이 오게 될 위험이 있었음에도 허락하신 의지기 때문이죠. 실제로도 그렇게 됐고요. 그럼에도 하나님은 사람이 스스로 자유롭게 살아가도록 하셨죠.

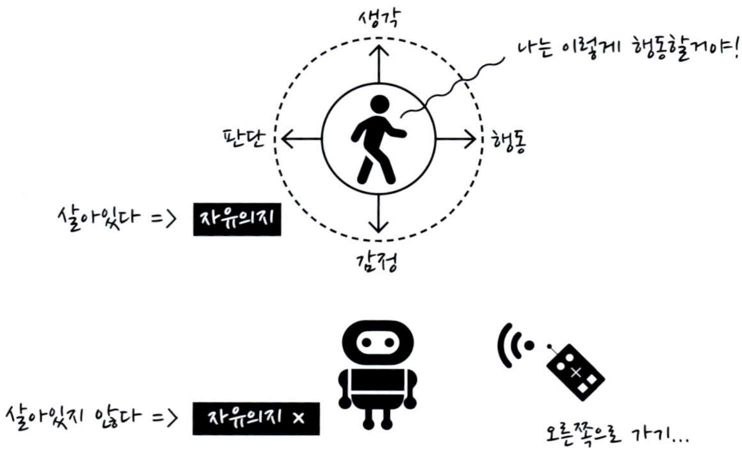

[잠언 3장] 개역한글

5- 너는 범사에 그를 인정하라 그리하면 네 길을 지도하시리라
6- 스스로 지혜롭게 여기지 말찌어다 여호와를 경외하며 악을 떠날찌어다

여러분은 로봇 강아지를 본 적이 있나요? 요새는 정말 잘 만들어서 실제 강아지처럼 소리를 내고 움직이고 한답니다. 아무리 진짜 강아지같이 움직이더라도 살아있는 강아지를 대체할 수 있을까요? 그렇지는 못하죠. 왜냐면 로봇은 사람의 작동으로 움직이니까요. 전원을 켜야 일어나고, 버튼을 눌러야 입력된 동작을 해요. 그 로봇 강아지가 나를 향해 달려와 꼬리를 흔들어도 명령으로 움직인 것이죠. 또 로봇은 정해진 움직임이 있어요. 아무리 정교하게 만들어도 행동의 규칙 안에서만 움직여요. 주인에게 삐지거나, 소변 실수를 하거나, 때로는 화가 나 짖기도 하거나, 귀엽게 애교를 부리거나 강아지의 성격대로 달라지는 행동을 볼 수가 없죠. 아무리 로봇이 비싸고 소중하더라도 살아있는 강아지를 키울 때의 기쁨과 사랑과는 비교할 수 없어요. 강아지가 자라나면서 함께 보내는 무수히 많은 시간을요. 그래서 로봇 강아지는 생명을 대신할 수 없는 법이죠.

하나님은 우리를 로봇처럼 만드시길 원하지 않았어요.
자유롭게 행동하며 자라나고,
그 속에서 수많은 감정을 알아가길 원하셨어요.
우리의 자유의지 안에서 하나님을 찾는 자가 될 때,
하나님은 얼마나 기뻐하시는지요!

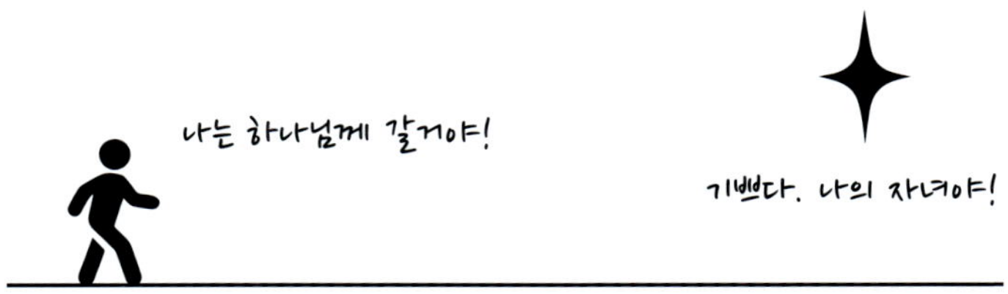

[시편 9장] 개역한글

10- 여호와여 주의 이름을 아는 자는 주를 의지하오리니 이는 주를 찾는 자들을 버리지 아니하심이니이다

Next Level

"창조주 신이 있는데 세상은 왜 문제가 많아?"

좋아. 일단 너 말대로 하나님이 세상을 창조하셨다고 생각해볼게. 근데 **정말로 하나님이 우리를 만드셨다면, 왜 많은 사람들이 그 사실을 인정하지 않는 거야?**
하나님은 우리를 사랑하시고 친구하고 싶으시다며. 그러면 **신은 이 세상에 행복하고 좋은 일로 가득하게 해주셔야 하는거 아니야?** 그렇지 않은 경우가 훨씬 더 많잖아.

너 말이 맞아. 하나님을 안 믿거나, 심지어 싫어하는 사람들도 많이 있어. 하나님이 우리를 만드신 게 맞는다면 왜 그 사람들은 인정하지 않는지 이상하지? 또 우리를 사랑하는 신이 있는데도 세상에는 고통과 아픔이 가득하기도 하고 말이야. **다음에는 죄라는 이유에 대해서 설명을 해줄 거야. 그럼 하나님과 사람의 사이가 왜 멀어졌는지 조금 이해가 될 거야.**

DAY.1 하나님의 창조

1장의 내용을 이해하고 다음 질문을 묵상해봅시다.

1

[1-2]에서 사람은 하나님이 작품이라고 말했습니다. 내가 가장 아끼는 작품(혹은 만들었던 작품)이 있다면 떠올려 봅시다. 그 작품을 왜 좋아하고 어떻게 아끼고 있나요? **이때 나는 하나님에게 얼마나 소중한 존재일지 생각해 볼까요?**

2

[1-3]에서 남자의 갈비뼈를 사용하여 돕는 배필 여자를 만들었습니다. 하나님은 **왜 굳이 아담의 갈비뼈를 꺼내서 만들었을지 자유롭게 생각을 말해봅시다.**

3

[1-5]에서 하나님은 생명이 살아있게 하시려고 자유의지를 주셨습니다. 과연 우리가 **받은 자유의지에서 자유의 영역은 어디까지인지 생각해 봅시다.**

태초의 사람은 어떤 잘못을 하게 됐을까?

"하나님의 말씀을 듣지 않다."

여호와 하나님이 여자에게 이르시되 네가 어찌하여 이렇게 하였느냐
여자가 가로되 뱀이 나를 꾀므로 내가 먹었나이다

- 창세기 3장 13절

2-1

자유의지로 내 마음대로 살면 안 되는 거야?

자유란 공간의 보호 아래 있을 때 가능해.

자유의 보장

앞서 하나님이 이 세상을 창조하시고 사람을 만드신 것과 자유의지를 왜 주셨는지 알아보았어요. 이제 2장에서는 죄에 대한 내용을 살펴볼 거예요. 이때 우리는 '온 땅의 주인'이신 하나님을 꼭 기억해야 해요. 그래야 자유의지와 죄의 관계를 잘 이해할 수 있답니다.

여러분 놀이공원을 좋아하시나요? 다양하고 재밌는 놀이 기구를 타면서 온종일 즐겁게 놀 수 있는 곳이에요. 우리는 놀이공원에 입장한 순간, 그 공간을 즐기기 위한 규칙을 따라야 해요. 줄을 서야 하고, 키 제한에 맞춰 이용해야 하고, 안전바를 잘 착용해야 하죠. 그런 규칙은 방문객을 불편하게 만들기 위해 둔 것일까요? 아니죠. 우리가 놀이공원을 안전하게 이용하도록 위함임을 알아요. 그 규칙을 따를 때야 우리는 자유롭게 그 공간을 누릴 수 있어요. 반대로 규칙을 따르지 않게 된다면 어떨까요? 놀이공원을 제대로 이용하지 못하고 말 거예요. 그 공간을 누릴 수 있는 자유가 제한되거나 박탈당해요. 생각해 보면 **모든 공간이 그런 규칙**이 있어요. 학교, 미술관, 박물관 등 말이에요. 자, 그럼 하나님이 지으신 이 창조 세계는 어떨까요? 당연히 최소한의 규칙을 마련해두셨지요. 사람을 불편하게 위함인가요? 사랑이신 하나님이 절대 그럴 리 없으시죠. 우리를 죄와 악에서 보호하시고 이 세상을 기쁨으로 자유롭게 누리게 하기 위해서예요. 그럴 때 우리의 자유의지는 올바른 방향이 되고, 자유가 보장받는 것이죠. 자유란 어디서든 내 마음대로 할 수 있는 권리가 아님을 기억해야 해요. 그 **공간의 보호 아래** 있을 때 지켜지는 권리인 것이지요.

[시편 5장] 개역한글

11- 오직 주에게 피하는 자는 다 기뻐하며 주의 보호로 인하여 영영히 기뻐 외치며 주의 이름을 사랑하는 자들은 주를 즐거워하리이다

2-2

자유의지가 아주 큰 문제를 만들었다고?

사람이 하나님의 말씀을 어긴 일이 일어났어.

선악과를 따먹은 사건

태초의 사람이 하나님께 처음으로 반항한 사건이 일어났어요. 바로 '선악과'를 따먹은 일이지요. 선악과란 하나님이 에덴동산 중앙에 두신 '선과 악을 알게 해주는 나무의 열매'에요. 하나님은 사람에게 동산의 모든 열매를 먹어도 되지만, 선악과만 금지 했어요. 왜 선악과를 금지했는지 생각해보며 창세기 이야기를 읽어봅시다.

《선악과 사건》

아담과 하와가 여느 때와 다름없이 동산을 관리하던 날이었어요.

하나님이 지으신 생물 중 가장 교활한 뱀이 그들에게 다가와 말을 걸었어요.

"하나님이 동산 안의 모든 나무의 열매도 먹지 말라고 했니?"

"아니, 우리는 동산 안의 열매들을 마음껏 먹을 수 있어. 하지만 **동산 중앙의 나무 열매만 먹지도 만지지도 말라고 하셨어.** 그 열매를 먹으면 우리가 죽게 된다고."

"내가 비밀 하나를 알려 줄까? 너희가 그 열매를 먹어도 절대로 죽지 않아. 그 열매에는 능력이 있어서 먹으면 선과 악을 알게 돼. 즉 하나님과 같이 될 수 있지. 그래서 하나님은 일부러 못 먹게 하시는 거야. 언제나 너네를 다스리려고!"

교활한 뱀은 여자에게 은밀하게 속삭이고 조용히 떠났어요. 여자는 뱀의 말에 마음이 조금씩 흔들리기 시작하고 탐스러운 그 열매에 대한 호기심이 생겼어요.

'뱀의 말이 사실일까? 정말로 우리가 죽지 않을까? 먹으면 하나님처럼 위대한 능력을 갖게 될 수 있을까?'

[창세기 3장] 아가페 쉬운성경

3- 하지만 하나님께서는 '동산 한가운데 있는 나무의 열매는 먹지도 말고 만지지도 마라. 그렇지 않으면 너희가 죽을 것이다'라고 말씀하셨어."
4- 그러자 뱀이 여자에게 말했습니다. "너희는 죽지 않아.

여자는 선악과 열매를 천천히 살펴보았지요. 다른 열매보다 더 먹음직스럽고 보기에 아름다웠어요. **그 탐스러운 열매를 먹으면 안된다는 규칙이 오히려 여자의 마음에 욕심의 불꽃을 심어주었어요.**

'그래. 한 입만 먹어보는 거야. 한 입만 먹고 조금 더 지혜로워져도 괜찮을 거야.'

여자는 결국 선악과를 따서 먹고, 남자에게도 그 열매를 주어 먹이고 말았답니다. 그러자 즉시 그들의 눈은 밝아져 '악'을 알아차리게 되었어요. 선과 악을 알게 되자, 예상과 달리 지혜뿐 아니라 수많은 부정적인 감정들이 들어오게 된 것이지요. 그들은 벌거벗고 있던 몸의 부끄러움을 느껴 무화과나무 잎을 엮어 옷을 만들어 가렸습니다. 하나님은 아담과 하와가 선악과를 따먹은 것을 알았답니다. 그래서 그들을 찾으셨어요. 아담과 하와는 자신들이 한 잘못에 겁이 나서 하나님을 피해 숨었어요. 잘못을 알게 된 대서 수치심, 부끄러움, 두려움, 원망 같은 감정들이 뒤섞여 생겨난 것이지요. 그러자 하나님이 직접 아담을 부르셨어요.

"네가 어디 있느냐?"

"제가 벌고 벗고 있기 때문에 두려워서 숨었습니다."

아담은 선악과를 따먹었다는 사실을 말하지 않고 다른 핑계를 둘러댔어요. 하지만 모든 것을 알고 있던 하나님은 되물었어요.

"네가 벌거벗었다고 누가 말해 주었느냐? 내가 먹지 말라고 한 선악과나무 열매를 먹은 것이냐?"

아담은 겁에 질려 하와가 줘서 먹게 됐다고 말했고, 하와는 뱀이 자기를 꼬드겼다고 말했어요. 하나님은 뱀과 사람에게 모두 벌을 내리셨어요. 여자는 출산의 고통을 겪어 되었고, 남자는 가장의 무게와 책임감을 알게 하셨죠. 또한 수고한 만큼 땅의 열매를 얻게 되는 노동의 무게가 더해졌어요. 그리고 하나님은 사람을 에덴동산에서 내보내 살게 했어요. **그 후 사람은 하나님과 직접 소통하며 친밀한 삶을 살기 어려워진 것이죠.**

[창세기 3장] 아가페 쉬운성경

5- 하나님은 너희가 그 나무 열매를 먹고 너희 눈이 밝아지면, 선과 악을 알게 되어 너희가 하나님과 같이 될까 봐 그렇게 말씀하신 거야."

2-3

사람은 왜 선악과를 따먹었던 걸까?

욕심이 생겼기 때문이야.

욕심

위 이야기를 다시 한번 찬찬히 살펴볼게요. 사람을 유혹한 교활한 뱀은 사탄이라고 말을 하지요. 뱀은 사람에게 주어진 자유에 대한 감사를 무너뜨리고자 하나님과의 약속, 즉 규칙에 대해서 불만이 생기게 했습니다. '선악과를 먹지 말라는' 단 하나의 규칙을 마치 불공평하다는 인식을 준 것이죠. 뱀과 대화를 나눈 후 여자의 마음에는 **의심**이 들어왔습니다. 하나님께서 그 열매를 먹으면 죽는다고 했는데, '정말 죽을까?'라고 믿지 않게 된 것이지요. 그 후 여자는 열매를 보았을 때, 다른 열매보다 **더 탐스럽고** 보기 좋아 보였어요. 마치 내가 갖지 못한 물건이 더 좋아 보이는 것처럼 말이에요. 즉, 나에게 없는 '무엇'에 대해 갖고 싶어 하는 **욕심**이 생긴 것이랍니다. 이로써 여자는 선악과를 먹고 마는 가장 큰 실수를 하게 되었습니다. 에덴동산의 규칙을 벗어나 내 마음대로 행동해버린 것이에요.

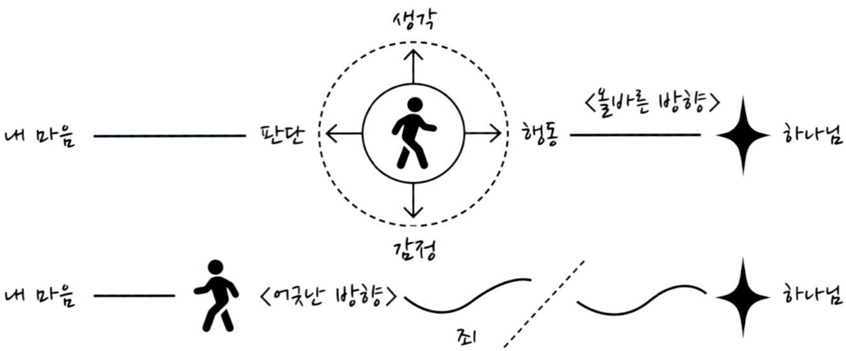

[창세기 3장] 아가페 쉬운성경

6- 여자가 보니, 그 나무의 열매는 먹음직스러웠으며, 보기에도 아름다웠습니다. 게다가 그 열매는 사람을 지혜롭게 해 줄 것처럼 보였습니다. 그래서 여자는 그 열매를 따서 먹고, 그 열매를 옆에 있는 자기 남편에게도 주었으며, 남자도 그것을 먹었습니다.

2-4

어쨌든 선악과를 먹고 선과 악을 알게 됐어?

동시에 죄가 들어왔어.

원죄

이 일로 인해 사람에게 **죄**가 들어왔어요. 신기하죠? 뱀(사탄)은 선과 악을 알 수 있다고 했지만 실제로 절대적인 선과 악을 바로 알게 된 것이 아니었습니다. 사탄은 하나님에게서 우리를 떼놓기 위해 거짓말을 한 것입니다. 꼬임에 넘어간 아담과 하와는 선과 악을 알면 하나님처럼 될 줄 알았지만, 결과적으로 자신의 모습이 부끄러워졌어요. 그리고 이상하게 그토록 가까웠던 하나님을 피하게 됩니다. 죄란 그런 것입니다. **하나님과의 사이를 멀게 하고, 우리가 숨도록 만드는 것이지요.** 나쁜 죄를 지은 사람들을 떠올려 보세요. 그들은 경찰을 피해 도망 다기고 숨기 바쁘죠. 죄는 죄를 지은 사람을 당당하게 살지 못하게 만들게 되는 것이랍니다. 이처럼 성경에서는 죄와 악의 모습을 낱낱이 보여주고 있는 부분들을 발견하게 됩니다.

사람은 선과 악을 올바르게 판단할 수 있는 힘이 없어.
선과 악의 기준 조차 알지 못하는 걸?

[로마서 1장] 아가페 쉬운성경

28- 사람들이 하나님을 아는 것을 하찮게 여겼으므로, 하나님께서는 사람들이 타락한 생각에 빠지게 하시고 사람들이 해서는 안 될 일들을 하게 내버려 두셨습니다.

Q. 하나님은 말씀을 어긴 사람을 미워하셨을까?

이 선악과 사건에서 눈여겨볼 포인트는 하나님의 사랑이에요. 처음에 하나님은 '선악과를 먹으면 죽을 것'이라고 했어요. 하지만 두 사람은 바로 죽지 않았죠. 물론 시간이 흘러 사람은 죽게 되지만, 그 순간 심판하지 않았어요. 또한 두 사람이 벌거벗은 몸에 부끄러움을 느끼는 모습을 보시고 가죽 옷을 만들어 입혀 주셨어요. 하나님은 아담과 하와에게 화가 났지만 동시에 사랑하는 그 자녀에 대한 안타까움과 사랑이 있었기 때문이에요. 우리가 사랑하는 누군가를 훈계해야 할 때 어떨까요? 잘못한 일은 바로잡기 위해 벌을 주지만 동시에 마음이 아프기도 하지요. 이런 대목에서 하나님의 사랑을 알 수 있어요. 또한 이 죄의 고리를 끊기 위해 예수님을 보내주신 사건도 태초의 하나님의 사랑과 연결된 것이랍니다.

Q. 하나님은 선악과를 왜 굳이 금지하셨을까?

이때 누군가는 이렇게 생각할 수 있어요. '왜 굳이 선악과를 두시고 먹지 말라고 말씀하셨을까? 규칙이 없었다면 사람이 잘못할 일도 없을텐데.' 정말 그럴까요? 이 점은 아까 보장받을 수 있는 자유의 의미를 기억해야 해요. 규칙이 있기 때문에 그 속에 속한 자유 역시 보존되는 것을 알아야 합니다. 자유는 단지 내 마음대로 행동할 수 있는 상태가 아니에요. 내가 하는 행동안에 평안과 기쁨이 있어야 자유로운 법이지요. 규칙이 없다면 방목이지, 자유가 아니에요. 또 에덴동산의 모든 것을 허락하셨는데, 한가지 규칙이 많은 것은 아니죠. 그 규칙은 피조물이 창조주 하나님을 인정하고 따라야 한다는데 더 중요한 의미가 있었던 거에요.

[창세기 3장]

21- 여호와 하나님께서 동물 가죽으로 옷을 만들어서 아담과 그의 아내에게 입혀 주셨습니다.

2-5

선악과로 생긴 **죄**가 뭔데?

하나님의 말씀을 따르지 않고 엇나간 방향이야.

하나님을 거스르는 마음

사람이 선악과를 먹은 사건은 단순한 규칙 위반이 아니랍니다. 여기에는 다음과 같은 의미가 들어 있어요. 그리고 이 의미들이 응축되어 '죄'라는 것이 사람에게 들어오게 되었어요. 열매를 따 먹은 그 시점 이러한 죄의 씨앗들이 아담과 하와의 몸속으로 들어오게 됩니다. 사람이 이러한 죄상을 갖게 된 것을 '**원죄**'라고 부른답니다. 그 후로 아담과 하와에게 태어난 **모든 사람들은 죄의 씨앗**을 갖게 된 것이지요. 그래서 '**우리는 모두 죄인**'이라는 말이 나온 것이랍니다. 죄의 씨앗의 중심은 결국 '하나님에서 벗어난 삶'을 뜻하고 있어요. 창조주 하나님을 인정하지 않고 <내 마음대로, 내가 좋아 보이는 삶으로, 내가 갖고 싶은 것을 가지며> 사는 방향이에요. 즉 죄란 **하나님 말씀 중심에서 벗어난 방향의 삶**을 뜻하게 됩니다.

창조주 하나님의 말씀을 위반 : 반항
하나님의 규칙을 따르지 않음 : 불복종
하나님처럼 신이 되고 싶어함 : 신격화
더 똑똑하고 좋은 것을 갖고 싶어함 : 욕심

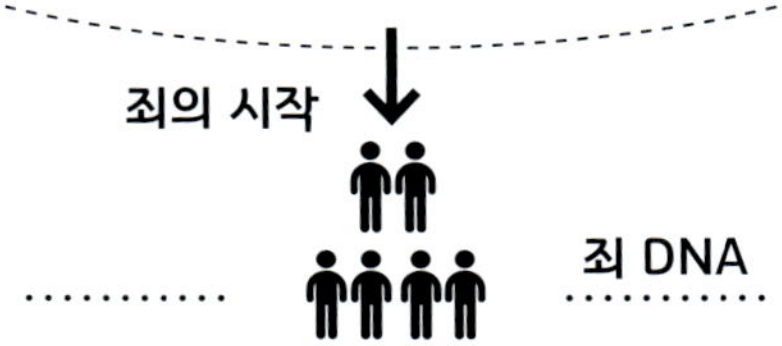

[로마서 8장] 아가페 쉬운성경

7- 죄의 본성이 생각하는 것은 하나님을 거스르는 것입니다. 그것은 하나님의 법에 복종하지 않을 뿐 아니라 할 수도 없습니다.

2-6

사람이 나쁜 행동을 하는 이유가 죄 때문이야?

사람에게 있는 죄성이 계속해서 악을 만들어.

죄의 행동

죄와 나쁜 행동은 어떻게 연결될까요? 죄가 하나님의 말씀 중심에 벗어난 방향이라면, 나쁜 행동은 어디서부터 어디까지가 죄인 걸까요? 일단 죄라고 생각하는 나쁜 행동이 무엇인지 생각해 봅시다. 도둑질? 사기? 살인? 네, 모두 맞는 말이에요. 도둑질, 사기, 살인 정말 다 큰 죄랍니다. 그럼 사람들은 왜 이런 잘못된 행동을 하게 된 걸까요? 그게 원죄와 어떤 연관이 있을까요?

앞서 사람이 선악과를 먹고 <선과 악>을 알게 된 사건을 보았지요. 만일 열매의 능력을 정말로 얻게 됐다고 하더라도 사람은 감당하지 못할 뿐이지요. 사람이 절대적인 선과 악을 과연 알 수 있을까요? 그 기준이 절대적으로 공평하도록 판단할 수 있을까요? 그렇지 않아요. 사람은 지극히 **'내 입장'**에서 생각하고 이해하게 되니까요. 즉 열매의 선과 악은 다른 말로 하면 더 좋은 것과 더 나쁜 것을 알게 된 것이에요. 그리고 무엇보다 **좋은 것과 나쁜 것의 기준을 자기 자신**으로 두는 것이죠. 그러다 보니 모든 기준이 '내가'가 되는 것이랍니다. 기준이 내가 된 사람은 끊임없이 크고 작은 죄를 짓게 돼요. 그게 나에게는 죄라고 생각하지 않기 때문이죠.

모든 **죄의 심리**에는 무엇이 있나요? '더 좋은 것과 더 나쁜 것'을 알기 때문에, **'내가 더 좋은 것'을 가져야 한다는 마음**이에요. 내가 남들보다 더 뛰어나고 싶은 바람이지요. 내가 그 사람보다 더 높아지기 위해서예요. 그 좋은 것은 대부분 돈, 외모, 능력 같은 세상의 성공 안에서 얻으려고 합니다. 그래서 도둑질하고, 사기 치고, 심지어 폭력이나 살인까지 가기도 한답니다.

[로마서 8장] 아가페 쉬운성경

5- 죄의 본성에 따라 사는 사람들은 죄의 본성이 바라는 일을 생각하지만, 성령을 따라 사는 사람들은 성령이 바라시는 일을 생각합니다.

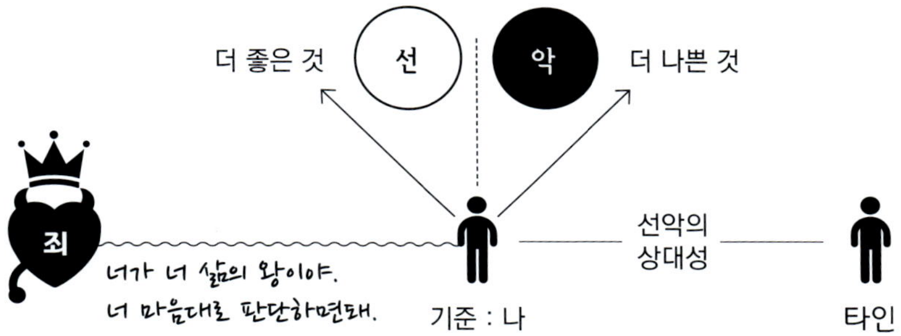

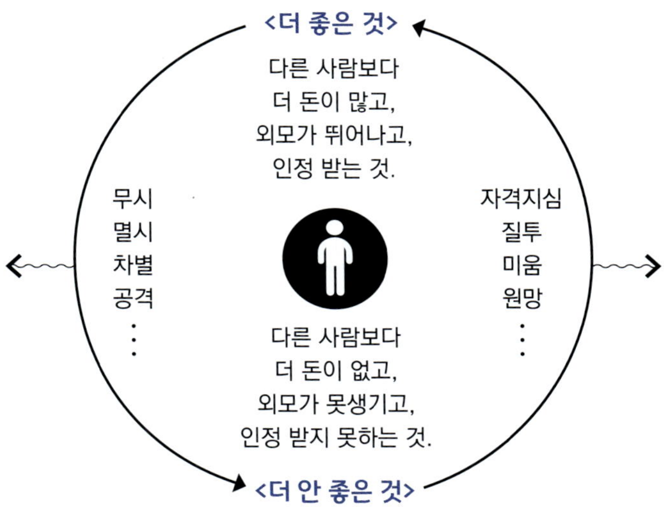

죄로 인한 나쁜 행동

[로마서 1장] 아가페 쉬운성경

32- 사람들은 그런 일을 행하는 사람은 죽어 마땅하다는 하나님의 의로우신 법을 알면서도
자신들만 그런 악한 행동을 계속하는 것이 아니라 그런 행동을 저지르는 다른 사람들까지
잘한다고 두둔합니다.

2-7

그럼 선과 악의 기준을 누가 정하는데?

바른 기준을 알 수 있도록 성경을 주셨어.

성경의 진리

모든 책은 책의 목적이 있어요. 경제학 책에는 경제 이야기가 있지 요리 이야기가 있지 않듯이 성**경은 우리에게 잃어버린 사랑과 생명을 찾게 해주는 책**이에요. 그래서 그 사랑과 생명을 얻고 행복해지기 위해 어떻게 행해야 하는지 하나님께서 말씀해 주기 위해 쓰인 책이지요. 성경에 사탄을 왜 만들었대? 선악과를 왜 만들었대? 라는 이유는 하나님이 설명하지 않으셨어요. 그것은 우리가 몰라도 되는 이야기이기 때문이에요. 하지만 성경 전체의 맥락을 통해서 우리가 분명히 알게 되는 원칙들을 통해 생각해 볼 수는 있어요.

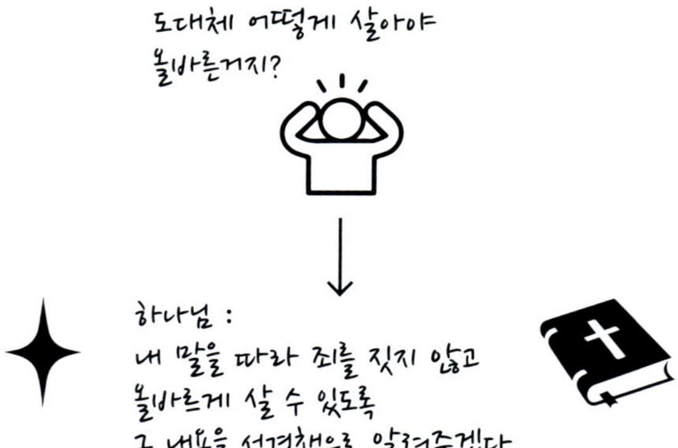

[디모데후서 3장] 개역한글

16- 모든 성경은 하나님의 감동으로 된 것으로 교훈과 책망과 바르게 함과 의로 교육하기에 유익하니

먼저 하나님으로부터 벗어나도록 하는 것이 원죄인데 이 죄를 알게 한 존재가 사탄이라는 것이죠. 그럼 이 존재는 왜 창조된 것일까?라는 질문에 앞서 분명한 진리는 모든 만물은 하나님이 지으셨다는 것입니다. 그럴 때 사탄 또한 하나님의 아래에 있는 존재에 불과하단 것을 잊지 말아야 해요.

두 번째 분명한 것은 하나님은 지으신 그 모든 사람에게 복을 주고 번성하게 할 계획이 있으시다는 것이에요. 사람을 사랑하셔서 가장 큰 사랑의 징표로 자유를 주셨습니다. 그 자유를 올바르게 다루며 살 수 있도록 '언약'의 징표를 주셨습니다. 우리는 그 언약을 믿어야 살아요. 이를 성경에서는 '믿음'이라고 합니다. 내가 하나님을 믿기 전부터 하나님이 우리를 믿어주셨습니다. 내 선택과 내 의지와 상관없이 하나님은 우리를 믿으셨습니다.

세 번째 분명한 것은 하나님은 모든 것을 알고 계시다는 것입니다. 이미 아담과 하와의 죄에 대해서 징계하시면서 그 자리가 징계의 자리로 끝나는 것이 아니라 예수님에 대하여서 소망을 주신 이유에요. 그 약속의 말씀이 창세기 3:15-20절에 나와 있습니다. 15절에서는 이 여자의 후손을 통해서 사탄의 머리가 상하게 된다고 말씀하시지요. 죄인의 몸에서 예수님이 태어나실 것을 말씀하는 것입니다. 심판의 현장 같은 그곳에 아담은 오히려 소망을 품고 이름을 지어줍니다. 여자의 이름은 하와라. 모든 산자의 어머니. 즉 생명이라는 이름을 가진 하와의 이름이 그제서야 등장하는 것입니다.

그러니까 다시 한번 선악과를 왜 만들었을까? 당연히 우리를 위해서 만드신 것이지요. 근거는 어디 있냐구요? 신명기 10:13 절이에요 '내가 오늘 네 행복을 위하여 네게 명하는 여호와의 명령과 규례를 지킬 것이 아니냐' **하나님은 우리에게 행복을 주기 원하셔서 약속들, 규칙들을 만드신 것이에요.** 이제 그 약속, 우리를 행복하게 해주시기 위한 하나님의 약속을 더 자세히 얘기해 볼게요.

[로마서 1장] 아가페 쉬운성경

21- 사람들은 하나님을 알면서도 하나님께 영광을 돌리지도 않았고, 하나님께 감사하지도 않았습니다. 오히려 사람들은 헛된 것을 생각했으며, 그들의 어리석은 마음은 어둠으로 가득 찼습니다.

Next Level

"하나님은 죄와 고통을 왜 없애주시지 않으실까?"

아담과 하와가 선악과를 따먹고 죄가 들어온 건 알겠어. 근데 고작 하나님이 명령 한번 안 들었다고 죄로 인해 너무 많은 문제가 생긴 거 아니야? 그리고 **하나님이 이 세상을 창조하신 게 맞는다면 죄를 다시 없애 주시면 되잖아. 그럼 사람이 고통받을 일도 없을 텐데. 왜 내버려 두시는 건데?**

선악과 사건은 그저 죄의 첫 시작을 알려준 것뿐이야. 그 이후에 사람들은 너무 많은 죄를 지었거든. **죄의 핵심은 '사람이 신처럼 되겠다는 마음'으로 하나님에 대한 반역**이니까.

또 하나님은 죄를 없애주실 능력이 있는 분이야. 하지만 죄를 없애는 것은 근본적인 문제 해결이 안 돼. 사람은 결국 또 죄를 짓고 말걸? 아담과 하와는 처음에 죄가 있지도 않았는데 잘못을 했잖아. 하나님이 죄와 고통을 그대로 두시는 이유는 그래야 사람이 창조주의 능력을 경외하고 피조물로서 위치를 언제나 기억하도록 위함이야. 또 오히려 그 시간을 통해서 사람은 죄를 벗어나 더욱 거룩해질 수 있으니까. 그렇지만 하나님은 죄로 인한 고통만을 남겨놓지 않았어. 그것보다 더 큰! 더 뛰어난! 축복을 사람에게 약속하셨거든. **죄를 이길 수 있는 복, 바로 하나님의 약속을 얘기해 줄게.**

DAY.2 죄와 타락

2장의 내용을 이해하고 다음 질문을 묵상해봅시다.

1

[2-2]에서 선악과 사건이 등장합니다. 하와는 왜 뱀의 꼬임에 넘어갔을까요? **왜 선악과를 먹고 싶은 마음이 들었을지 다양한 생각을 나눠봅시다.**

2

[2-6]에서 사람은 선악을 다스릴 수 없어 상대적인 판단을 하게 된다고 했습니다. **내가 생각하는 선과 악은 무엇인지, 죄는 무엇인지 나눠봅시다.**

3

[2-6]에서 죄로 인해 나쁜 행동이 끊임없이 나온다고 합니다. **내가 자주 짓는 잘못이나 죄의 모습이 있다면 고백해 봅시다. 그 죄를 지을 때 어떤 마음**인지도 털어놓아 봅시다.

하나님이 사람에게 주신 축복의 약속?

"복음을 얻은, 복의 통로가 되게 하신다."

여호와께서 아브람에게 이르시되
너는 너의 본토 친척 아비 집을 떠나 내가 네게 지시할 땅으로 가라
내가 너로 큰 민족을 이루고 네게 복을 주어 네 이름을 창대케 하리니
너는 복의 근원이 될찌라

- 창세기 12장 1-2절

3-1

하나님은 왜 죄를 지은 사람을 용서 하셨어?

우리는 하나님의 자녀니까.

하나님의 자녀

자녀를 사랑하는 부모는 그 자녀가 잘못을 했다고 단번에 관계를 끊는 경우는 거의 없어요. 용서하고 훈계하면서 자녀가 올바르게 자라날 수 있도록 함께 있어 주세요. 그만큼 부모님의 사랑은 참 크고 놀라워요. 하나님은 사람을 창조하셨고, **우리의 근본적인 아버지**가 되세요. 부모님의 사랑도 큰데 하나님의 사랑은 얼마나 더 위대하겠어요. 만약 사춘기 때 자녀가 잘못을 하고 반항하여 집을 나가버리면 부모님은 마음은 찢어지겠죠? 그 자녀가 다시 생각을 돌이키고 집으로 돌아오길 언제나 기다릴 거예요. 하나님도 마찬가지랍니다. 사람이 죄를 짓고 잘못을 했지만 하나님의 사랑은 변함이 없으시죠. 여전히 우리가 그 죄를 뉘우치고 하나님의 품으로 다시 돌아오길 기다리고 계세요.

가출한 자녀의 상황을 한 번 더 생각해 봅시다. 현명한 부모라면 가출한 직후인 그 자녀를 강제로 집으로 데려오지는 않을 거예요. 강제적인 행동은 반발심만 더 크게 만드니까요. 그 강압에 더 반발하여 또 가출을 할 가능성만 더 높이게 만들어요. 또는 더 커진 원망으로 아예 집을 떠나게 될지도 몰라요. 부모님은 애가 타지만 자녀가 자신의 선택으로 집으로 돌아올 때까지 기다리는 게 좋겠죠. 이때 중요한 건 자녀가 집으로 돌아올 수 있는 선택을 스스로 하도록 부모님의 사랑이 전달돼야 해요. 그 사랑의 행동은 무엇이 있을까요?

[갈라디아서 4장] 아가페 쉬운성경

6- 여러분은 하나님의 자녀입니다. 그래서 하나님께서 그 아들의 영을 여러분 마음에 보내주셔서, 여러분이 하나님을 "아버지, 사랑하는 아버지"라 부를 수 있게 하셨습니다.

첫 번째는 자녀의 집 밖 생활을 지켜주는 일이에요. 몸이 상하지 않도록 밥을 먹이고, 나쁜 일이나 사건에 빠지지 않도록 말이죠. 두 번째는 부모님이 얼마나 자녀를 사랑하고 기다리고 있는지 전해야 해요.

그래야 자녀가 언제라도 돌아갈 마음이 생길 테니까요. 만약 부모님이 나를 미워하고 있다고 생각한다면, 어떻게 다시 집에 돌아가겠어요. 하나님은 이 두 방법을 모두 하고 계세요. 그 내용이 우리에게 주신 **'복', '하나님의 약속'**이랍니다.

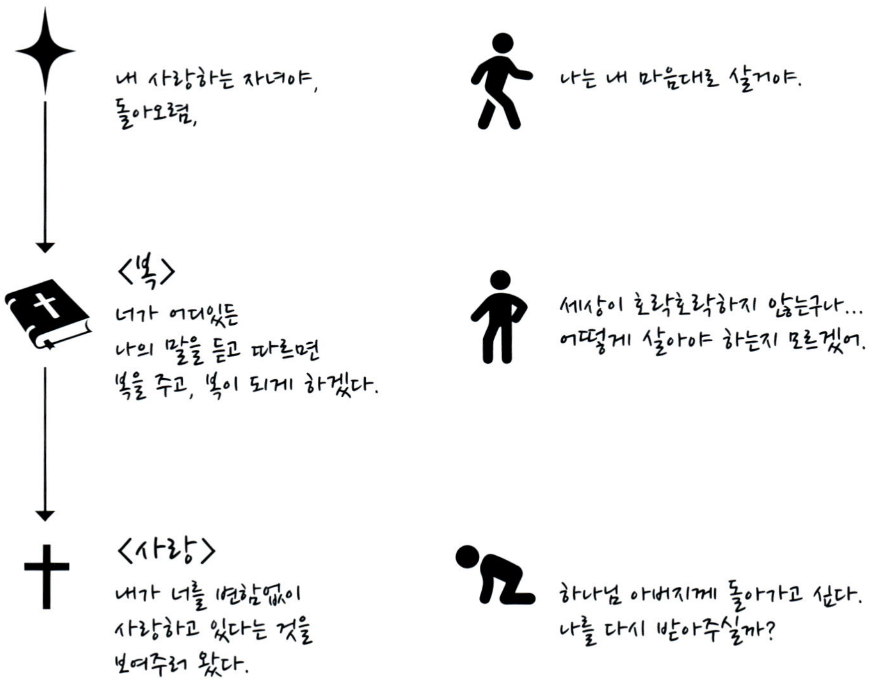

[민수기 6장] 아가페 쉬운성경

24- 여호와께서 너에게 복을 내리시고, 너를 지켜 주시고,
25- 여호와께서 너에게 자비를 베푸시며, 너에게 은혜를 내려 주시기를 빈다.

3-2

하나님이 사람에게 약속한 복이 뭔데?

복을 받고, 복이 된다는 내용이야.

복의 약속

하나님이 약속하신 복은 무엇일까요? 창세기에 보면 아담과 하와 이후 생겨난 사람들이 등장해요. 이때 하나님께서 한 사람에게 '복의 근원'의 약속을 해주신 사건이 있어요. 그 인물은 아브라함이에요. 하나님을 믿는 우리는 아브라함이 받은 복의 내용을 알고 있어야 해요. 왜냐고요? 그 내용은 뒤에서 다시 다루겠습니다.

먼저 아브라함의 이야기를 간단히 알아봅시다. 어느 날 하나님은 아브라함에게 고향, 친척, 가족의 집을 떠나 하나님이 보여주시는 땅으로 떠나라고 말씀하세요. 하나님의 말씀에 따라 순종할 때 아브라함의 자손이 큰 민족을 이루고 복을 주시겠다고 말이죠. 누가 나에게 갑자기 먼 나라에 혼자 떠나 살아야 한다고 말하면 기분이 어떨까요? 일단 당황스럽고, 그렇게 행동하기 어렵겠죠. 아브라함 역시 그랬어요. 익숙한 터전을 떠난다는 것은 굉장히 큰 용기와 결단이 필요한 일이랍니다. 하지만 아브라함은 하나님의 말씀을 따라서 길을 떠나게 되지요.

[창세기 12장]

1- 여호와께서 아브람에게 말씀하셨습니다. "네 나라와 네 친척과 네 아비의 집을 떠나 내가 너에게 보여 줄 땅으로 가거라.

2- 내가 너를 큰 나라로 만들어 주고, 너에게 복을 주어, 너의 이름을 빛나게 할 것이다. 너는 다른 사람들에게 복이 될 것이다.

[창세기 15장] 아가페 쉬운성경

7- 하나님께서 아브람에게 말씀하셨습니다. "나는 너를 갈대아 우르에서 인도해 낸 여호와이다. 내가 너를 이끌어 낸 것은 이 땅을 너에게 주기 위해서이다."

위 말씀에서 하나님의 약속이 이뤄지는 중요한 순서가 있어요.

① 하나님의 말씀을 들을 때
② 하나님의 복을 줄 것이고,
③ 그 사람은 복이 되어 다른 사람에게 전한다.

마지막 3번째는 어떤 의미일까요? 1번과 2번의 복을 나로 인해 다른 누군가도 받게 된다는 뜻이에요. 즉 하나님의 복이 계속 흘러간다는 것이죠. 이처럼 하나님은 죄를 지은 사람에게 벌을 주고 끝나는 것이 아니라, 복이 되게 해주겠다고 약속을 하세요. 신기하죠? 그 약속을 주신 이유는 우리의 대한 하나님의 사랑이 여전하시다는 것을 보이고 또 하나님께 돌아올 통로를 마련해 주신 것이죠. 왜냐면 하나님이 말씀하신 복은 **'창조주와의 관계 회복'**안에 속해있는 일이기 때문이랍니다.

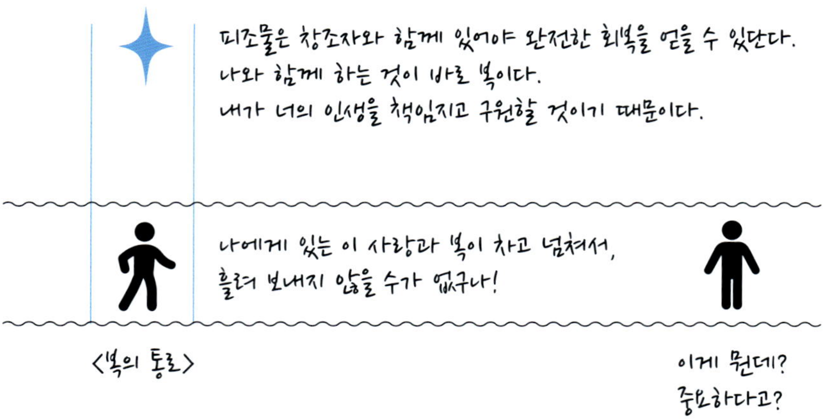

[누가복음 11장] 아가페 쉬운성경

28- 예수님께서는 "오히려 하나님의 말씀을 듣고 지키는 사람이 복이 있는 사람이다"라고 말씀하셨습니다.

3-3

아브라함이 복의 시작이 됐다는게 무슨 뜻이야?

아브라함 자손에서 예수님이 태어나셨어.

아브라함의 자손

하나님은 아브라함에게 주신 약속(복과 사랑)을 통해 모든 사람에게 그 복이 전달되도록 하셨어요. 이때 기억해야 할 포인트는 '**모든 사람**'입니다. 창세기 17장을 읽으면 아브라함의 자손도 동일한 복의 약속이 주어져요. 근데 왜 모든 사람에게 복을 주시기 위한 계획인 걸까요? 그 내용을 알기 전에 먼저 말씀을 읽어봅시다.

[창세기 17장]

4- 보라 내 언약이 너와 함께 있으니 너는 여러 민족의 아버지가 될지라

5- 이제 후로는 네 이름을 아브람이라 하지 아니하고 아브라함이라 하리니 이는 내가 너를 여러 민족의 아버지가 되게 함이니라

6- 내가 너로 심히 번성하게 하리니 내가 네게서 민족들이 나게 하며 왕들이 네게로부터 나오리라

7- 내가 내 언약을 나와 너 및 네 대대 후손 사이에 세워서 영원한 언약을 삼고 너와 네 후손의 하나님이 되리라

8- 내가 너와 네 후손에게 네가 거류하는 이 땅 곧 가나안 온 땅을 주어 영원한 기업이 되게 하고 나는 그들의 하나님이 되리라

19- 하나님이 이르시되 아니라 네 아내 사라가 네게 아들을 낳으리니 너는 그 이름을 이삭이라 하라 내가 그와 내 언약을 세우리니 그의 후손에게 영원한 언약이 되리라

[창세기 15장] 아가페 쉬운성경

5- 하나님께서 아브람을 밖으로 데리고 나가셔서 말씀하셨습니다. "하늘을 바라보아라. 셀 수 있으면 저 별들을 세어 보아라. 네 자손들도 저 별들처럼 많아지게 될 것이다."

말씀을 보면 하나님은 아브라함으로부터 여러 민족이 나올 것임을, 그 자손들에게도 동일한 하나님이 될 것을 약속해요. 그 시작은 아브라함과 아내 사라에서 태어난 첫 아들 '이삭'에서부터 이어짐을 예고하셨어요. 이때 아브라함과 사라는 노인의 몸이어서 일반적으로는 자식을 낳을 수 없었어요. 하지만 불가능이 없으신 하나님은 그들 사이에서 정말로 아들 이삭을 태어나게 하셨죠. 그렇게 아브라함에게 주신 복의 약속이 시작되었어요.

신약의 첫 번째 복음서 '마태복음'의 1장 1절에는 아브라함으로부터 시작된 자녀의 계보가 등장해요. 「아브라함부터 다윗까지 열네 대요, 다윗부터 바벨론으로 사로잡혀 갈 때까지 열네 대요, 바벨론으로 사로잡혀 간 후부터 그리스도까지 열네 대더라」 아브라함에서 이어진 계보의 정점은 바로 예수 그리스도의 탄생이지요. 놀랍지 않나요? 예수님은 하나님의 약속의 축복에서부터 이어진 것이에요. 아브라함이 이러한 축복을 받은 이유는 하나님의 말씀으로 시작된 믿음의 계보가 예수님으로 이어지게 하도록 위함이에요. 하나님은 아주 먼 옛날부터 예수님을 이 땅에 보낼 계획을 준비하셨던 것이지요. 그리고 이 계보에 등장하는 사람들이 구약 성경에 기록되어 있어요. 하나님은 자신의 말씀을 지키시는 분이세요. 아브라함에게 그 자손에게도 마찬가지로 '동일한 하나님'으로 계시겠다고 약속하셨죠. 그래서 그 자손들을 지키시고 인도하시는 하나님의 능력과 사랑이 구약에 기록되어 있는 것이랍니다.

정리하자면, 구약에 기록된 사람들은 그저 각 사람이 대단하거나 멋진 인생을 살아서가 아니에요. 예수님을 이 땅에 보내기 위해 준비한 믿음의 조상 아브라함에게 주신 약속을 증명하신 것이지요.

[로마서 4장] 아가페 쉬운성경

16- 그러므로 하나님의 약속은 믿음을 통해 주어집니다. 이렇게 하신 것은 하나님께서 아브라함의 모든 자손에게 약속을 은혜로 주시기 위해서입니다. 모세의 율법 아래 사는 사람뿐만 아니라, 우리 모두의 조상 아브라함처럼 믿음으로 사는 사람들 전부가 아브라함의 자손이 됩니다.

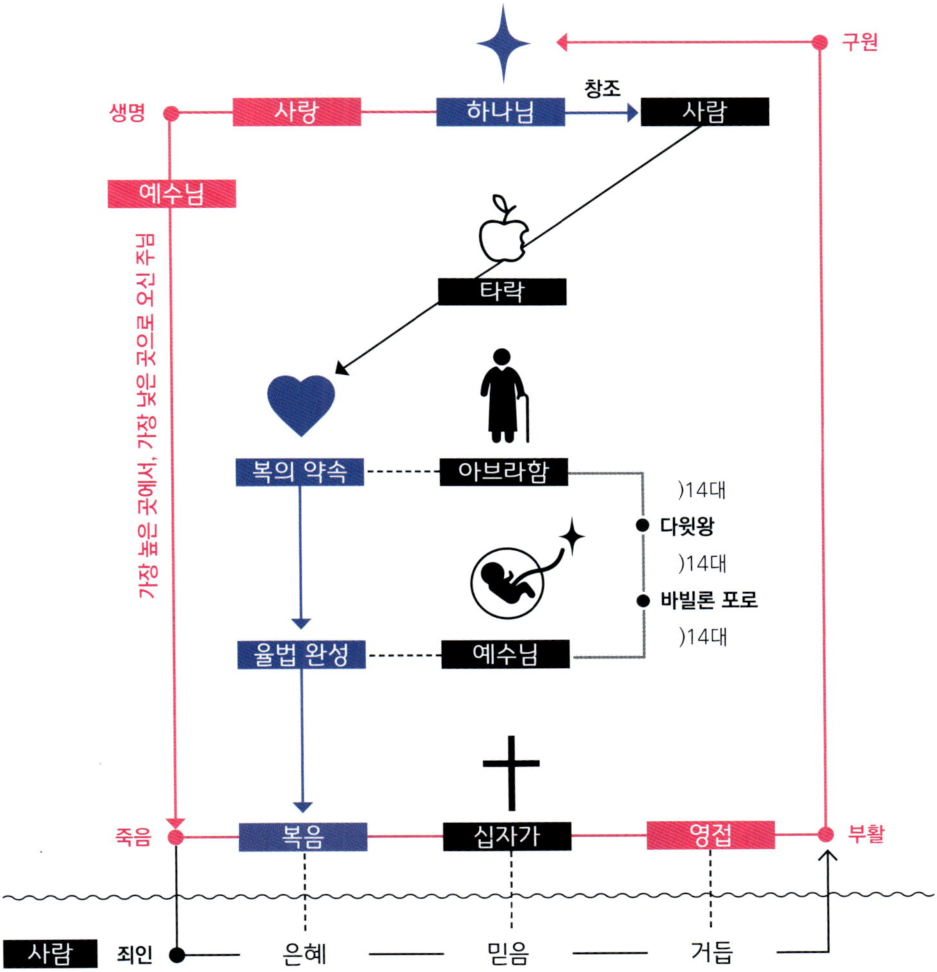

[로마서 4장]

20- 그는 하나님의 약속에 대해 불신하거나 의심하지 않고, 오히려 그 약속을 굳게 믿어 하나
님께 영광을 돌렸습니다.

3-4

그럼 아브라함의 자손만 복을 받는거야?

하나님을 믿는 모두가 그의 자손이야.

믿음의 자손

아까 <아브라함에게 주신 약속(복과 사랑)을 통해 모든 사람에게 그 복이 전달 되도록> 이 중요하다는 말 기억하지요? 창세기 17장을 보면 아브라함 자손이 복을 이어 받을 것이라고 되어 있는데, 왜 모든 사람이라고 말한 걸까요? 그 이유는, 하나님이 말씀하신 아브라함의 자손은 그 직계 핏줄만 해당하지 않기 때문이에요. 만약 아브라함의 혈통으로만 복을 받을 수 있다면, 우리는 살면서 아브라함의 민족인 유대인을 꼭 만나야 하는 삶이 되겠죠? 유대인을 통해 구원도 받아야 하고요. 그렇게 되면 하나님의 사랑도 평등하지 않다는 뜻이 될 수 있어요. 공평하고 정의로우신 하나님은 절대 사랑으로 차별하지 않으시는 분이세요.

하나님은 아브라함의 자손으로 태어나신 **예수님을 통해 모든 사람들의 구원의 문**을 열어주셨어요. 유대인만 구원이 아니라요. 그 사실은 이후 예수님의 사역을 통해서도 증명되지요. 이방인(유대민족 외의 사람들)에게 복음을 전하라고 제자들에게 명령하셨기 때문이에요. 즉, 아브라함에게 말씀하셨던 **복의 약속은 하나님을 믿는 모든 사람**에게 열려 있는 것이지요. 그리고 그 약속을 믿고 살아가는 사람이 자가 바로 아브라함의 자손이라고 갈라디아서 3장 7절에 쓰여 있답니다. 하나님은 그런 사람에게도 동일하게 복을 주시는 우리의 아버지입니다.

[갈라디아서 3장] 아가페 쉬운성경

7- 그러므로 여러분은 믿음으로 사는 사람이 참 아브라함의 자녀라는 것을 알아야 합니다.

3-5

그럼 유대인은 왜 하나님께 특별히 선택받은 거야?

가장 약한 민족이었기 때문에 보호하신거야.

하나님이 택한 민족, 유대인

아브라함의 직계 핏줄인 민족을 '유대인'이라고 불러요. 유대인들은 자신들의 신, 하나님에 대한 자부심이 있어요. 하나님이 자기들을 직접 택하셨고 복을 주신다고 약속하신 것을 믿기 때문이지요. 아브라함 이후 걷잡을 수 없이 많아진 유대인들이 이집트의 노예 생활을 하던 시기가 있었어요. 그때 모세라는 지도자를 세워 이집트에 10가지 재앙을 내리고, 민족을 탈출 시킨 놀라운 일이 있어요. 하나님은 그들에게 젖과 꿀이 흐르는 비옥한 땅 '가나안'을 주겠다고 하셨죠. 물론 그들은 가나안에 바로 들어가지 못하고 40년 동안 광야 생활을 하게 하신 후 약속의 땅으로 들어가게 하셨어요. 그 후 그들은 하나님께 기름 부으신 자를 왕으로 세우고 '이스라엘'이라는 나라가 본격적으로 만들어졌어요. 오랜 시간이 지난 후 이스라엘은 분열이 되고, 로마의 지배를 받게 됩니다. 마치 오래전 이집트의 노예 생활을 했던 것처럼 억압받는 생활을 하게 된 것이에요.

아까 유대인이 자신들은 하나님이 택한 백성이라는 자부심이 있다고 했죠? 그들은 아브라함이 받은 축복, 모세로 보여줬던 탈출의 기적 등을 잊지 않았어요. 언젠가 또 모세와 같은 하나님이 보낸 구원자가 나타나 자신들을 구해줄 것이라고 믿었어요. 그런데 여기서 잠깐, 하나님은 유대민족만 특별하게 여기신 걸까요? 왜 그들을 택하셔서 복의 근원이 되게 하신 걸까요?

[마태복음 1장] 개역한글

1- 아브라함과 다윗의 자손 예수 그리스도의 계보라
17- 그런즉 모든 대 수가 아브라함부터 다윗까지 열 네 대요 다윗부터 바벨론으로 이거할 때
까지 열 네 대요 바벨론으로 이거한 후부터 그리스도까지 열 네 대러라

누군가는 불평할지도 몰라요. "하나님이 도대체 왜 유대인을 선택한 거지? 그렇게 한 민족만 딱 집어서 복을 약속하신 것 자체가 잘못된 거 아니야?"라고요.

하나님은 그런 우리 마음을 아시는지 정확히 성경을 통해 대답을 예비해두셨어요. 신명기 7:6-7 절에 보면 하나님이 택하신 이유가 설명이 되어있어요. 즉 이렇게 말씀하신 거죠. "내가 유대 민족을 선택한 이유는 너희가 숫자가 많아서가 아니야. 너희가 잘나서가 아니야. 너희가 가장 약했던 민족이기 때문이야. 그걸 잊지 말고 거룩한 백성이 되어야 한다" 그리고 9절에는 또 이렇게 말씀하세요

"그러니까 나는 약속을 꼭 지키고 나는 인자한 하나님이라는 것을 알아야 해."

가장 약한 민족, 가장 약한 사람을 택하시는 것은 하나님의 방법이에요. 가장 약한 사람이라도 높이시고 복을 주실 수 있는 능력이 있다는 것을 보여주시기 때문이죠. 그 일로 나같이 연약한 사람에게도 하나님이 함께 하시면 능치 못할 일이 없다는 용기와 힘을 주시는 것이지요.

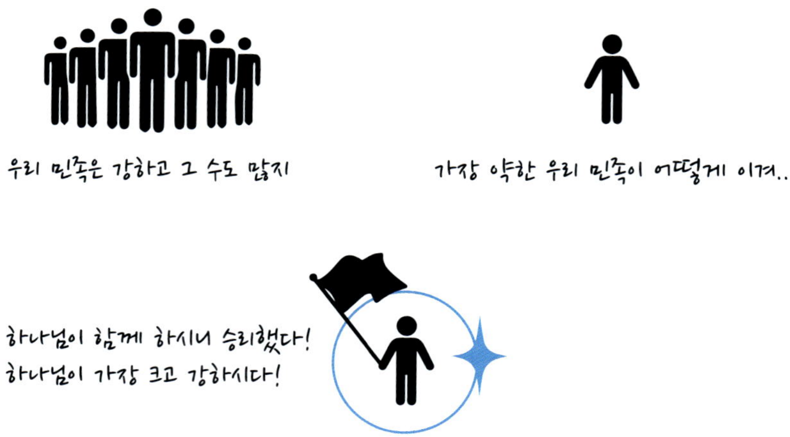

[신명기 7장] 개역한글

6- 너는 여호와 네 하나님의 성민이라 네 하나님 여호와께서 지상 만민 중에서 너를 자기 기업의 백성으로 택하셨나니

7- 여호와께서 너희를 기뻐하시고 너희를 택하심은 너희가 다른 민족보다 수효가 많기 때문이 아니니라 너희는 오히려 모든 민족 중에 가장 적으니라

아브라함을 한 번 더 말해볼까요? 그는 80살이 넘은 나이에 자식을 못 가졌던 사람이었어요. 가장의 역할로 보면 실패한 인생을 산 사람이에요. 그 시대에는 자녀의 수가 중요하기 때문에, 아무도 없던 아브라함은 의지할 곳이 없어 위축되었을 것이에요. 그런데 하나님은 그런 연약한 아브라함에게 복의 약속을 주신 거예요. **세상에서 조건이 갖춰져 있지 않고 실패한 사람이라 해도 하나님이 함께하시면 행복을 주시는 분이라는 것을 기억해야 합니다.**

그러니까 유대인들이라고 해서 "내가 선택받았어"라고 으쓱댈 것이 없어요. 오히려 더 겸손해져야 해요. 그리고 하나님은 그 복을 받은 존재들이 타자들을 향하여 복의 통로가 될 것을 원하신 거예요. 사실 이것은 우리가 행복해지고 하나님이 기뻐하실 일이 무엇인지를 알게 해주는 중요한 포인트에요. 하지만 자신들이 특별하다고 여기기 시작한 유대인들은 그런 하나님의 마음을 놓치게 되었어요. 자신의 민족이 약하기 때문이라는 관점을 받아들이고 싶지 않았을 지도 모르죠. 그러한 **교만한 사상은 나중에 구원자 예수님을 인정하지 않으려는 갈등**으로 이어지게 된답니다. 사회적으로 소외된 사람들을 향해 복음을 전하고 사랑하다 보면 그곳에서 그들을 통해 또 나를 사랑하는 하나님을 발견하게 되는 거예요. 안타깝게도 시간이 흐르면서 오히려 그들은 교만해져서 하나님의 아들이 약한 모습으로 오신 것에 대해서 인정하지 않거나, 이웃들을 외면하고 이방인들을 배척하는 모습으로 비치는데 이것은 하나님이 선택한 목적을 잃어버렸기 때문이겠지요.

[신명기 7장] 개역한글

9- 그런즉 너는 알라 오직 네 하나님 여호와는 하나님이시요 신실하신 하나님이시라 그를 사랑하고 그의 계명을 지키는 자에게는 천 대까지 그의 언약을 이행하시며 인애를 베푸시되

Next Level

"하나님의 복이 성공이 아니라고?"

근데 아브라함이 받은 하나님의 복이 잘 와닿지 않는 것 같아. 너말대로면 하나님을 믿는 모든 사람들이 복을 받고 잘 살아야 하는 거잖아. **근데 교회를 다닌다고 모두 잘 살게 되는 건 아니던데?**

좋은 질문이야. 하나님의 복은 사람이 이 세상에서 받고 싶어 하는 복과는 달라. 우리가 생각하는 축복은 성공이겠지? 돈을 많이 벌고, 좋은 집과 차를 가지고, 내가 더 높아지는 모든 방법 말이야. 근데 사람은 기껏해야 100살 정도만 살지. 죽으면 내가 갖고 있던 모든 것들이 사라져.

하지만 죽고 나서의 또 다른 삶은 영원해. 100년과 영원이라는 시간을 비교할 수 있을까? 예를 들면 너는 24시간 중에 1분만 행복한 게 좋아? 아니면 1분은 조금 힘들더라도 24시간이 다 행복한 게 좋아? 물론 하나님의 말씀을 잘 따르면 세상에 살아가는 동안에도 물질의 축복을 주시기도 하시지만! 그게 다가 아니라는 거지. **하나님은 우리가 곧 돌아올 영원이라는 세상에서 행복을 주길 원하셔. 그리고 그곳으로 올 수 있는 길을 예수님을 통해 만들어주셨어.** 그 방법을 알고 살아가는 것이 하나님의 복이라는 거지. 복은 **진리의 열쇠** 같다고 할까?

DAY.3 하나님의 약속

3장의 내용을 이해하고 다음 질문을 묵상해봅시다.

1

[3-2]에서 하나님은 사람에게 복을 약속하셨습니다. **그 복은 어떤 내용이고, 왜 우리에게 주셨는지 창세기 12장을 읽으며 묵상해 봅시다.**

2

[3-3]에서 하나님은 모든 사람에게 복을 주기 위해 아브라함을 첫 사람으로 택하셨습니다. 그러나 아브라함은 그냥 복을 받았던 것이 아닙니다. 하나님의 말씀에 순종하고 믿음을 보였기 때문입니다. 하나님은 아브라함과 아내가 노인의 몸에서 외아들 '이삭'을 태어나게 하셨고, 이삭을 통해 복의 자손이 퍼져 나갈 것을 약속하셨습니다. 이때 **하나님은 아브라함의 믿음을 시험합니다. 그 사건이 무엇이었고, 아브라함은 어떻게 행동했는지 창세기 22장을 읽으며 알아봅시다.**

3

[3-4]에서 믿음이 있는 모두가 아브라함의 복을 받는 후손이라고 말했습니다. **이때 믿음은 무엇인가요?**

예수님은
도대체 누구일까?

"사람을 구원하기 위해 이 땅에 오신 하나님의 아들"

하나님이 세상을 이처럼 사랑하사 독생자를 주셨으니
이는 저를 믿는 자마다 멸망치 않고 영생을 얻게 하려 하심이니라

- 요한복음 3장 16절

4-1

예수님이 누구길래 중요해?

예수님은 우리에게 오신 하나님의 아들이야.

예수님은 신입니다. 살아계신 하나님의 독생자 아들이시죠. 예수님은 세상이 만들어지던 태초부터 하나님과 함께 계셨어요. 사람이 죄를 짓고 하나님과의 올바른 관계가 끊어진 순간부터 **예수님의 구원 계획**이 준비되셨죠.

하나님 : 사람을 구원하자.

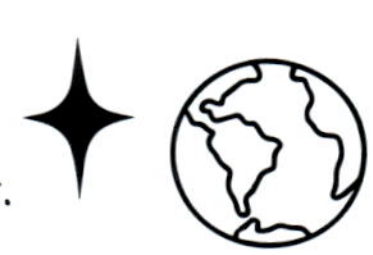

예수님 : 제가 그 일을 하겠습니다.

성령님 : 명령을 내려주세요.

예수님은 사람으로 불가능한 일을 하므로 자신을 증명하셨어요. 여자는 혼자 아기를 낳을 수 없죠? 하지만 예수님은 성령으로 잉태되셨어요. 하나님의 영과 사람의 몸과 합해져 태어나셨기 때문에 사람이면서 동시에 신이 신 분이랍니다.

처녀여, 아들을 낳을 것이니. 그 이름을 임마누엘이라 하라.
이는 하나님이 우리와 함께 계시다는 뜻이다.

그리고 예수님은 사람으로서 할 수 없는 놀라운 일들을 보이셨어요. 그중 가장 핵심적인 사건은 무엇보다도 예수님의 부활이지요. 앞으로 예수님이 누구인지, 어떤 일들을 했는지, 어떻게 부활하셨는지 알아볼 거에요.

[마태복음 1장] 아가페 쉬운성경

18- 예수 그리스도는 이렇게 태어나셨습니다. 예수님의 어머니인 마리아는 요셉과 약혼을 했는데, 두 사람이 결혼도 하기 전에 성령에 의해서 마리아가 임신하게 된 사실이 밝혀졌습니다.

또 예수님은 사람입니다. 이스라엘 나라의 베들레헴이라는 작은 마을에서 태어났어요. 우리와 똑같은 사람으로 말이에요. 하지만 일반적으로 부부가 아이를 갖는 과정과는 달랐죠. 신비로운 예수님의 탄생 이야기를 한번 읽어 봅시다.

《예수님의 탄생》

마리아와 요셉은 서로 혼인을 하고 결혼을 준비하던 때였어요. 혼인을 약속했다고 하더라고 결혼을 하기 전에는 정식 부부가 아니기에 같이 살거나, 육체적인 관계를 맺으면 안되었어요. 마리아와 요셉은 경건하고 의롭게 사랑하며 결혼을 기다렸지요. 그러던 어느 날, 천사가 마리아에게 나타나 말을 했습니다.

"너에게서 하나님의 아들이 태어날 것이다."

마리아는 이 말씀을 믿음으로 받아들였고, 처녀였던 마리아는 임신을 하게 되는 놀라운 일을 벌어지게 되지요. 요셉은 그 사실을 믿을 수 없었어요. 자신의 약혼녀가 갑자기 임신이 되었는데, 그 씨가 하나님의 아들이라니 말이죠. 믿을 수 없었던 요셉은 마리아와 결혼을 포기하려고 했어요. 하지만 상냥했던 요셉은 이 사건으로 마리아가 다른 사람들에게 비난과 질타를 받게 되는 것을 원치 않아, 조용히 이별하려고 한 것이죠. 그때 요셉의 꿈에도 천사가 나타나 말을 했습니다.

"다윗의 자손 요셉아. 마리아를 아내로 맞이하는 것을 두려워하지 마라. 마리아의 임신은 성령께서 하신 일이 맞다. 그녀는 성령으로 잉태된 아들을 낳을 것이다. 그 이름은 '예수', 자신의 백성을 구원하려 이 땅에 오셨다."

요셉 역시 이 말씀을 믿음으로 받아들였어요. 요셉과 마리아는 예정대로 결혼을 할 수 있었지요. 그렇게 예수님은 마리아의 몸에서 태어났습니다.

[마태복음 1장] 아가페 쉬운성경

20- 요셉이 이 일을 생각하고 있을 때, 꿈에 주의 천사가 나타났습니다. 천사는 요셉에게 이렇게 말했습니다. "다윗의 자손 요셉아, 마리아를 아내로 삼는 것을 두려워하지 마라. 마리아가 아기를 가진 것은 성령께서 하신 일이다.

4-2

하나님의 아들이니깐 축하받으며 태어나셨어?

예수님은 가장 초라한 말구유에서 태어나셨어.

예수님의 낮아짐

왕이 있는 나라의 왕자나 공주가 태어날 때 어떻게 축하받나요? 왕의 아기라고 공개적으로 선보이고, 온 백성들에게 축하를 받게 될 거예요. 가장 좋은 수많은 선물들을 받으며 건강하게 자라나길 축복도 받게 되겠지요. 왕국이 강할수록 이웃 나라에서도 선물과 인사를 보내올지도 몰라요. 왕의 아기 탄생은 그만큼 가장 높임을 받는 일이죠. 그런데 예수님은 어떻게 태어났을까요?

그 시기 태어나는 모든 아기를 죽이라고 한 헤롯 왕을 피하는 길에 태어났어요. 또 방도 구하지 못해 허름한 마구간 말 구유에서 태어났어요. 그리고 소수의 동방박사와 양치기들에게만 축하받았지요. 예수님은 이 세상 창조주의 독생자 아들이었음에도 가장 낮은 위치에서 태어나셨어요. 위대한 왕일수록 높임 받는 아기의 축하와 달리 초라하기 이루 말할 수 없는 탄생이었죠. 이 사건부터 예수님의 구원의 참된 의미를 우리는 발견할 수 있어요. 그럼 예수님은 왜 굳이 초라하게 태어났을까요? 하나님의 아들이면 좀 더 멋지게 이 세상에 오셔도 좋지 않았을까요?

예수님이 가장 낮은 위치에서 태어나신 이유는 크게 2가지로 볼 수 있어요. 첫 번째는 **모든 사람을 사랑하셔서 구원하고 싶어 하신 하나님의 마음**이에요. 세상에는 다양한 환경 속에 살아가는 수많은 사람들이 있어요. 어떤 사람은 돈이 엄청 많지만, 다른 어떤 이들은 가난해서 굶어죽기도 한답니다. 만약 예수님이 신분이 높은 왕자로 태어났더라면 가난한 이들의 아픔을 가까이서 보지 못했을지도 몰라요. 또 거지나 고아와 같은 이들은 신분이 높은 사람에게 가기 어려워하지요. 그처럼 그들

[마태복음 1장] 아가페 쉬운성경

21- 마리아가 아들을 낳을 것인데, 이름을 예수라고 하여라. 그가 자기의 백성을 죄에서 구원해 낼 것이다."

이 예수님께 나아가는데 벽이 있었을 것이에요. 사실 구원을 가장 갈망하는 이들은 아픔이 있는 사람들, 가난하고 병이 든 분들이에요. 그래서 예수님은 누구보다 낮은 위치로 태어나셨어요. 모든 사람들이 자신에게 다가오기에 거리낌 없도록 이에요. 그 안에서 하나님의 놀라운 사랑을 알 수 있는 것이죠.

두 번째 이유는 **하나님의 말씀의 완성**이에요. 구약의 선지자들은 하나님의 영감으로 예수님의 탄생을 예언하셨어요. 그때 가장 낮은 위치에서 태어나실 것이라고 말씀하셨죠. 하나님은 그 아들이 어떻게 이 땅에 오실지 모두 준비하셨던 것이랍니다. 하나님은 우리의 미래를 준비하시는 분이시거든요. 가장 알맞은 상황과 선한 방향으로 인도해 주시고 계시답니다.

말씀을 완성하시는 예수님

특히 예수님이 이스라엘 베들레헴에서 태어나신 이유가 있어요. 하나님께서 약속하신 약속을 철저히 이루기 위해 태어나시고 십자가에 죽으실 때까지도 말씀대로 지키셨어요. 성경의 미가서는 예수님이 오시기 전 700년 전 기록되었어요. 그런데 미가서 5:2절에는 베들레헴에서 태어나실 것을 예고하셨어요. 또 성경의 이사야서 40장에서는 예수님의 오심을 예언할 세례 요한에 대해서도 미리 계획된 일임을 알려주고 계세요. 놀랍지 않나요?

예수님께서 하나님의 아들인데 나중에 예루살렘 도성에 들어가실 때도 나귀, 그것도 새끼 나귀를 타거든요. 그건 예수님이 장난기가 많아서일까요? 아니에요 심지어 그것조차도 말씀대로 하신 거예요 스가랴 9:9절에 이미 예수님이 나귀 새끼를 타신다고 되어있어요. 죽음에 대해서도 마찬가지고요. 그러니까 예수님의 삶 자체가 **하나님이 언약을 지키시는 분**임을, 예수님이 하나님 자신이심을 그대로 보여주고 있어요. **하나님의 말씀이 성취되는 것을 보여주시기 위해** 오신 거지요.

[마태복음 1장]

23- "보라! 처녀가 임신하여 아들을 낳을 것이며, 사람들이 그의 이름을 임마누엘이라고 부를 것이다." 임마누엘은 '우리와 함께 계시는 하나님'이라는 뜻입니다.

4-3

예수님은 어느 나라 사람이야?

예수님은 이스라엘에서 태어난 유대인이야.

유대인 예수님

앞서 하나님의 말씀을 완성하기 위해 오셨다고 얘기했지요? 그래서 예수님은 하나님의 말씀에 따라, 아브라함의 자손이자, 다윗의 계보인, 유대인으로 태어나신 거에요. 예수님은 로마의 지배 아래 고통받던 택하신 백성을 위해, 그리고 더 정확히는 모든 사람을 위해 이 땅에 오셨어요. 유대인들만 하나님의 자녀가 아니며, 모든 사람들이 하나님이 사랑하시는 자녀이니까요.

그럼 어쨌든 유대인들은 예수님을 무조건적으로 환영했을까요? 자신들의 구원자라는 사실을 받아들였을까요? 슬프게도 일부 무리는 예수님을 배척하게 돼요. 자, 먼저 그 당시 유대인의 상황을 알아봅시다. 우리는 앞서 구약에서 하나님이 택하신 백성인 유대인들의 이야기를 읽었어요. 예수님이 태어날 당시 유대인들은 로마의 지배를 받고 있었지요. 누군가의 지배를 받는다는 것은 정말 힘들어요. 우리도 과거에 일본의 식민지였지요? 그때 나라를 되찾기 위해 죽음까지도 두렵지 않게 싸우셨던 분들로 인해 지금의 대한민국이 있어요. 이처럼 다른 나라의 지배하에 있는 상황은 평안할 수 없는 고통이에요. 유대인들은 하나님이 자신들을 다시 구원해 줄 것이라는 약속을 믿고 기다리고 있었어요. 머나먼 옛날, 이집트의 노예 생활에서 구출해 준 놀라운 지도자 모세와 같은 사람이죠. 이집트의 왕에게 대항하고 말도 안 되는 저주를 내릴 수 있는 능력자로 말이에요.

[마태복음 2장] 아가페 쉬운성경

1- 예수님께서는 헤롯이 왕으로 있던 시대에 유대의 베들레헴이라는 마을에서 태어나셨습니다. 그 때, 동쪽 나라에서 몇 명의 박사들이 예루살렘으로 왔습니다.

하지만 예수님은 어떠셨나요? 가장 낮은 위치에서 태어나셨어요. 그리고 이후 공생애 기간 동안 고아와 과부와 거지들을 찾아다니셨어요. 예수님이 병자를 낫게 하고, 수 천명의 사람들에게 음식을 주시고, 죽은 자를 살리는 놀라운 능력을 보이셨지만, 유대인들의 마음에 적합하지 않았어요. 그들이 기다린 구원자는 로마를 무너뜨릴 수 있는 사람이었거든요.

그러나 예수님은 그럴 생각이 전혀 없어 보이셨거든요. 예수님은 모든 사람의 구원을 위해 오신 것이어서 로마의 지배에 벗어나기 위해 싸울 사명은 없었어요. 오직 한 사람의 영혼을 살리는데 집중하셨어요. 심지어 예수님은 유대인 외의 이방인들까지 품고 사랑을 전하라고 명령하셨어요. 이러한 행보들이 일부 유대인들은 마음에 들지 않았어요. 하나님이 택하고 약속을 받은 민족은 자신들뿐이라고 생각했기 때문이에요. 그런 자신들을 꾸짖으시는 예수님이 당연히 좋게 보이지 않았죠. 그 결과 예수님을 따르는 무리와 배척하는 무리로 나뉘게 되었어요.

그래서 유대인들은 예수님을 하나님의 아들로 인정하지 않게 되죠. 참 이상하지요? 하나님은 구원자를 보내주셨는데, 정작 그 약속을 기다렸던 백성은 믿지 않죠. 심지어 나중에 가서는 유대인들은 예수님을 싫어하기까지 이르게 되지요. 유대인들은 자신들만 하나님께 선택받은 사람들이라고 믿고 있었거든요. 그들이 기다리던 구원자는 유대인만을 위한 강한 '영웅'이었어요. 반면 예수님은 구원이 모든 사람에게 주어졌도 하셨어요. 여기서 끝나지 않고 오히려 유대인들의 교만한 마음(자신들만 구원받은 민족)을 꾸짖고 훈계하기도 하셨죠. 그러다 보니 유대인들은 예수님께 반감을 갖게 된 것이에요. 이러한 상황은 나중에 예수님이 십자가에 돌아가시게 된 일도 직접적인 영향을 미치게 되기도 해요.

[마태복음 23장]

11- 너희 가운데 큰 자는, 너희의 종이 될 것이다.
12- 누구든지 자신을 높이는 사람은 낮아질 것이고, 낮추는 사람은 높아질 것이다.

4-4

예수님은 왜 이 세상에 오신거야?

우리 영혼을 구원하실 수 있는 의사이시거든.

치료자 예수님

여러분은 병원을 언제 방문하시나요? 어딘가 아프고 병이 들면 가게 되지요. 병원에 가서 무엇을 하나요? 증상을 진찰받고 병을 치료하지요. 병원에 왜 꼭 가게 되나요? 그렇지 않으면 오랫동안 병 때문에 아프고 힘들기 때문이에요. 우리가 사는 곳에는 병원이 많이 있어요. 언제라도 아프면 당장 갈 수 있는 편리함이 있지요. 그런데 아프리카같이 아직 문명이 많이 발전하지 않은 곳은 병원과 의료 도움이 턱 없이 부족해요. 그래서 구호단체에서 그런 나라에 의료 봉사를 주기적으로 보내요. 그곳에 사는 사람들은 감기만으로도 죽기도 하고, 병을 제대로 치료하지 못해 고통과 함께 살아가는 생활이 일반적이니까요. 만일 그렇게 살아가고 있는 사람들이 여러분의 사랑하는 가족이고 친구면 어떨까요? 가슴이 너무 아프겠죠. 어떻게든 도와주고 싶을 거예요. 내가 의료 능력이 있다면 그곳에 직접 가서 치료해 줄지도 모르겠지요. 예수님은 그래서 우리를 살리기 위해 이 땅에 오셨어요.

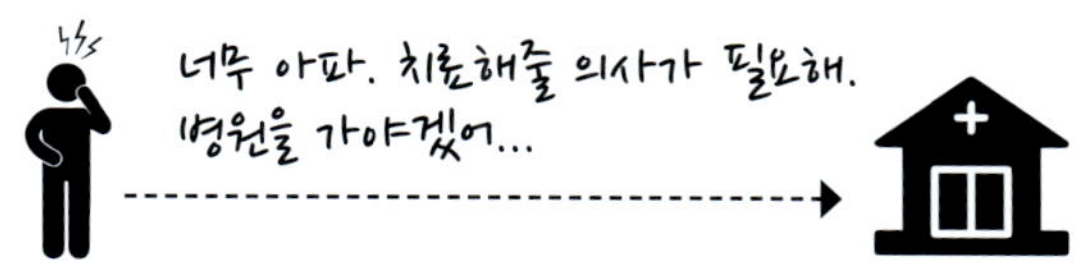

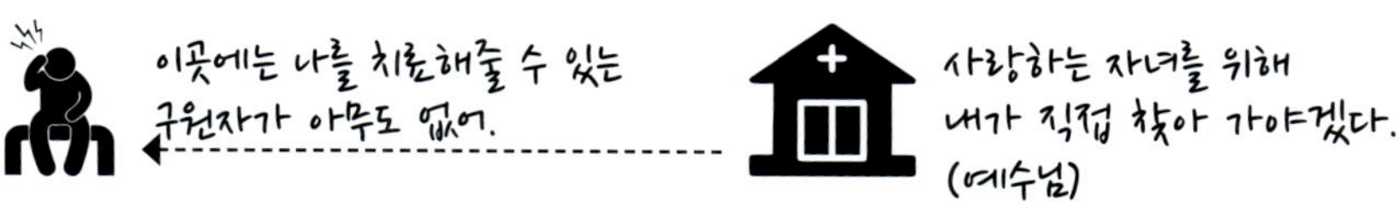

[마태복음 9장] 아가페 쉬운성경

12- 예수님께서 이 소리를 들으시고 말씀하셨습니다. "건강한 사람은 의사가 필요 없으나, 환자들은 의사가 필요하다."

4-5

아프지 않은 사람은 예수님이 필요 없을까?

우리는 모두 죄가 있고, 그 죄는 예수님만 치료할 수 있어.

누가 병자일까?

그럼 아프지 않은 사람은 예수님이 관심을 갖지 않으신 걸까요? 이 질문에 답하기 전에, 예수님이 보신 아픈 사람이 누구인지 생각해 봐야 해요.

몸이 건강하지 못한 사람은 아픈 사람이죠. 정신이 건강하지 못한 사람은 어떤가요? 그 사람도 아픈 사람이죠? 그럼 정신이 건강하지 못한 사람은 누구일까요? 정신 병원을 가는 사람들일까요? 우리는 **'죄'가 있을 때 완전히 건강한 정신을 가질 수 없어요. 죄는 악을 만들고, 악은 영혼을 병들게 하여 죽음으로 이르게 하니까요.** 그리고 책의 2장에서 아담과 하와의 선악과 사건을 통해 모든 사람에게 죄가 들어오게 됐다는 것을 알았어요.

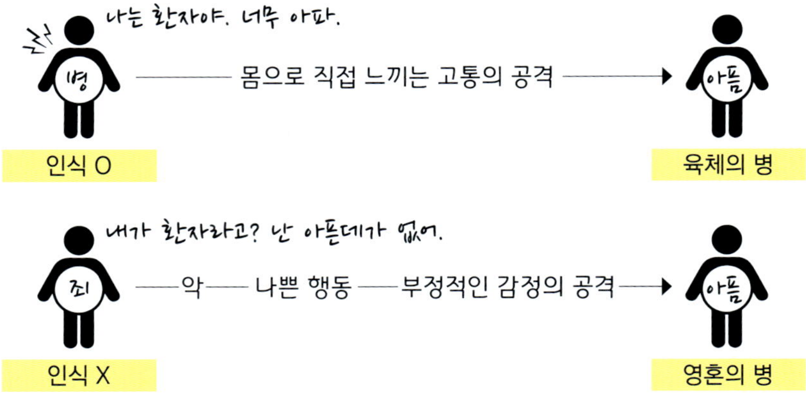

[로마서 5장] 아가페 쉬운성경

12- 그러므로 한 사람을 통해 죄가 세상에 들어왔고 그 죄를 통해 사망이 들어온 것처럼, 모든 사람이 죄를 지었으므로 사망이 모든 사람에게 이르렀습니다.

심해지는 병을 제대로 치료하지 않으면 죽음에 이를 수가 있지요. 몸의 병뿐만 아니라 영혼의 병도 마찬가지랍니다. 예수님 앞에 나아가 죄를 치료받지 못하면 우리의 영혼과 몸은 죽음에 이르게 됩니다. 선악과 사건을 통해 모든 사람에게 죄 DNA가 있다는 것을 알고 있죠? **죄는 영혼의 병을 만들어요. 그러므로 모든 사람에게 그 병을 치료할 수 있는 의사, 예수님이 필요하다고 볼 수 있겠지요.** 문제는 그 아픔의 정도가 개인마다 다르고, 많은 사람들이 자기 안에 '죄가 있어서' 아프다는 사실을 잘 알지 못하다는 것이에요. 왜냐하면 죄에는 '거짓'라는 성질이 있어서 그 본질을 들키지 않으려고 수를 쓰거든요.

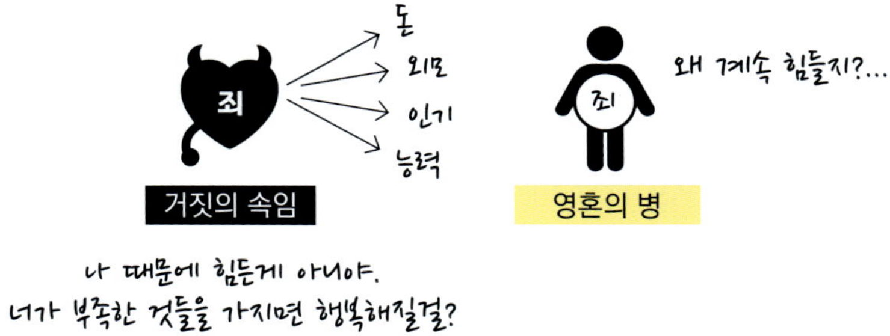

정리하자면 사람은 모두 죄인이기 때문에, 그 죄와 병을 치료할 수 있는 의사가 필요해요. 그 의사는 오직 예수님 한 분뿐이에요. 자신의 병명을 알고 있는 사람만이 맞는 병원을 갈 수 있듯이 죄의 병을 알아차린 사람은 예수님을 찾아가요. **믿음이 없는 이들은 예수님이 아닌 다른 대안(세상적인 방법)을 쫓을 뿐이죠.** 하지만 그 대안은 어떤 것도 치료하지 못한답니다. 결국은 낙담과 공허함만 거듭 쌓이게 만들 뿐이에요. 그렇기 때문에 예수님은 우리 모두를 위해 이 땅에 오셨다고 볼 수 있지요. 그리고 의사 예수님은 찾는 사람은 만나주시고 치료해 주시는 분이랍니다.

[로마서 5장] 아가페 쉬운성경

17- 한 사람의 죄로 말미암아 사망이 왕노릇 하였다면, 하나님의 넘치는 은혜와 의롭다고 여기시는 선물을 받는 사람들은, 한 분 예수 그리스도를 통해 참 생명 안에서 더더욱 왕노릇 하게 될 것입니다.

Next Level

"예수님의 탄생이 하나님의 사랑이라고?"

신이 사람으로 태어났다는 말이 참 이상해. 또 **그 이유가 우리를 위해서**라는 것도. 굳이 그렇게까지 해야 했던 거야? 조금 이해가 안 돼.

음... 그럼 이런 예를 한번 들어볼게. 네가 정말 사랑하는 반려동물이 있을 때, 그 동물은 너의 가족일 거야. 함께 지내고 감정을 나누고 소통하겠지. 하지만 아무리 마음이 교류한다고 해도 실제로 말을 하면서 대화를 하지는 못해. 그 동물이 병에 걸려 매우 아파하는 상황이 됐다고 해보자. 물론 너는 걱정되는 마음에 병원을 데려가서 치료를 하겠지. 그러나 동물은 직접 너에게 아프다는 말을 못 해. 어디가 불편하고 힘든지, 지금 당장 무엇이 필요한지 전할 수가 없어. 이렇듯 같은 종이 아닐 때 소통의 제한은 어쩔 수 없이 생기게 되지.
창조주 하나님은 전능하셔서 사람의 모든 생각과 마음을 아실 수 있어. 문제는 사람에게 하나님이 너무 먼 존재였다는 거야. 또 너 말처럼 하나님이 이런 장벽을 넘어서 굳이 넘어서 사람이신 예수님으로 올 필요는 없었을 거야. 그래서 그 이유는 한 가지로 밖에 설명이 안돼. 바로 사랑이지! 그리고 예수님의 **사역**을 통해 하나님의 사랑이 증명된 거야.

DAY.4 예수님의 탄생

4장의 내용을 이해하고 다음 질문을 묵상해봅시다.

1

[4-1]에서 예수님은 성령으로 잉태되었다고 했습니다. 요셉과 마리아는 그 사실을 믿음으로 받아들였기 때문에 예수님을 낳는 축복을 받을 수 있었습니다. **만약 요셉과 마리아가 이 일을 믿지 않았다면 예수님은 태어나지 않으셨을까요? 아니면 다른 누군가에게 다시 태어났을까요?**

2

[4-4]에서 예수님을 치료자라고 소개했습니다. 예수님은 고통받는 사람들을 위해 직접 이 땅에 오셨습니다. **어떤 대가도 받지 않고 사람을 살리시는 그 삶을 묵상해 봅시다.**

3

[4-5]에서 사람은 모두 죄가 있고, 죄로 인한 영혼의 병이 있다고 말했습니다. **내게도 죄로 인한 어떤 내면의 아픔이 있는지, 치료받기 원하는 마음이 있다면 고백해 봅시다.**

예수님은
어떤 일들을 하셨을까?

"가르치시고, 치료하시고, 구원하셨다."

예수께서 온 갈릴리에 두루 다니사 저희 회당에서 가르치시며
천국 복음을 전파하시며 백성 중에 모든 병과 모든 약한 것을 고치시니

- 마태복음 4장 23절

5-1

예수님은 어릴때 부터 **능력**이 있었어?

예수님은 서른 살, 세례 이후 사역을 시작하셨어.

세례 받으신 예수님

예수님은 30살까지는 평범하게 성장하셨어요. 본격적으로 하나님의 일을 시작하게 된 시점은 요한에게 세례를 받고 광야의 시험을 이겨내신 후 부터에요. 물론 그 전에도 예수님은 자신이 하나님의 아들임을 알고 있었어요. 다만 **하나님의 때**를 기다리신 것이죠. 사역을 하기 위해 예수님이 받으신 세례와 시험을 먼저 주목해 볼게요. 사람의 몸으로 하나님의 능력을 그대로 드러내기 어려운 것이지요. 그래서 먼저 성령의 능력이 충분히 채워지는 의식이 필요했어요.

세례는 지금도 행해지고 있는 중요한 의식이에요. 예수님을 믿으며 살겠다는 다짐을 확실히 보이는 증표이지요. 세례에는 이전의 삶에서 벗어나 하나님의 말씀을 지키도록 하며 경건하게 살겠다는 결단이에요. 또 한편으로 세례는 내 영혼이 예수님과 결혼하는 의식이라고 비유하기도 하지요. 그만큼 강한 결속력을 뜻하지요. 예수님이 하나님 아들이신데 왜 굳이 세례를 받으셨을까요? 그것은 **예수님의 모든 삶을 통해 우리에게 본이 되어주시고자 함이에요.** 더 낮은 모습으로 섬기는 자세도, 세례를 통해 삶을 하나님께 맡겨드리는 결단도, 우리는 예수님을 본받아 가지요. 또 때때로 우리는 모든 일이 쉽고 금방 얻어지길 원해요. 하지만 하나님의 아들 예수님도 본격적인 사역을 시작하기 전에 준비 과정을 거치셨어요. 더군다나 광야에서 40일 금식과 시험도 이겨내셔야 했다는 점을 기억합시다. 어떤 일이든 당연하게 얻을 수 있는 것은 아무것도 없답니다.

[마태복음 3장] 개역한글

16- 예수께서 세례를 받으시고 곧 물에서 올라 오실쌔 하늘이 열리고 하나님의 성령이 비둘
기 같이 내려 자기 위에 임하심을 보시더니
17- 하늘로서 소리가 있어 말씀하시되 이는 내 사랑하는 아들이요 내 기뻐하는 자라

5-2

예수님도 광야에서 마귀의 시험을 받았다니?

예수님은 마귀의 3가지 시험을 온전히 이기셨어.

① 본능적인 욕구로 유혹하다

첫 번째 시험은 돌을 빵으로 만들어 보라는 유혹이었습니다. 예수님은 40일 금식하셔서 몹시 배고프셨거든요. 여러분 며칠만 굶어도 음식 생각이 간절히 나지요? 이때 누군가 가장 맛있는 음식을 눈앞에 놓고 유혹을 한다면 참기가 힘들겠죠? **첫 번째 시험은 이와 같이 사람의 본능적인 욕구로 움직이도록 유혹한 시험입니다.** 예수님도 사람이셨기 때문에 배고프고 힘든 것은 똑같으셨어요. 하지만 그 유혹에 '사람이 떡으로만 사는 것이 아니라, 하나님 말씀으로 산다.'라고 말하며 이기셨어요. 이 말은 사람의 본능보다 하나님의 말씀이 더 옳다는 것을 선포한 것이지요.

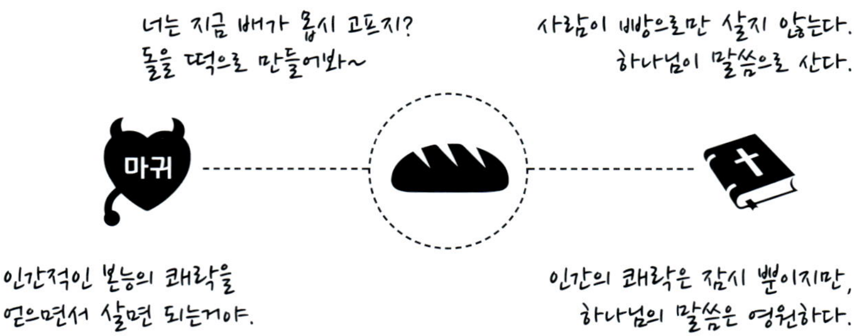

[마태복음 4장] 개역한글

3- 시험하는 자가 예수께 나아와서 가로되 네가 만일 하나님의 아들이어든 명하여 이 돌들이 떡덩이가 되게 하라

4- 예수께서 대답하여 가라사대 기록되었으되 사람이 떡으로만 살것이 아니요 하나님의 입으로 나오는 모든 말씀으로 살 것이라 하였느니라 하시니

② 능력을 원하도록 유혹하다

두 번째 시험은 예수님에게 '높은 절벽에서 뛰어내려 보라'는 것이었어요. 사탄은 하나님의 아들이라면 죽지 않고 살 것이라는, 또 천사들이 붙잡아 다치지 않을 것이라고 말했죠. 이 시험을 현대적인 뜻으로 풀어보면 멋진 능력을 주겠다는 유혹입니다. 우리의 생활에 예를 들어보면 공부하는 학생에게 1등을 만들어 주겠다, 내가 해야 하는 일에서 가장 최고의 능력을 주겠다, 같은 것이 될 수 있겠네요. 이때 마귀는 예수님처럼 성경 말씀을 이용하는 뻔뻔한 속임수까지 부리기도 하지요.

하지만 기억해야 합니다. **사탄은 진리가 아닌 거짓 성공으로 유혹하고 있다는 사실을요**. 만일 세상적인 방법으로 능력을 얻었다고 해도 그것은 사탄의 힘을 빌린 것으로, 계속해서 죄의 꼭두각시가 되게 됩니다. 성공을 중요시하는 이 시대에는 이와 같은 유혹이 판을 칩니다. 나의 것을 더 높이기 위해 악을 행하거나, 다른 사람을 짓밟는 태도는 모두 사탄에게 휩쓸린 결과에요. 우리는 그럴 때 어떤 문제와 능력보다 더 크고 완전하신 하나님만을 바라봐야 합니다. 예수님이 '하나님을 시험하지 마라'고 단번에 거절한 것처럼 말이에요.

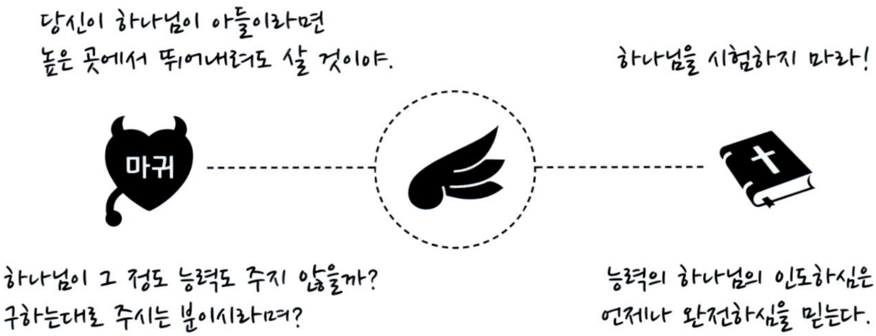

[마태복음 4장] 개역한글

6- 가로되 네가 만일 하나님의 아들이어든 뛰어내리라 기록하였으되 저가 너를 위하여 그 사자들을 명하시리니 저희가 손으로 너를 받들어 발이 돌에 부딪히지 않게 하리로다 하였느니라

7- 예수께서 이르시되 또 기록되었으되 주 너의 하나님을 시험치 말라 하였느니라 하신대

③ 성공의 욕망으로 유혹하다

세 번째 시험은 사탄이 자신에게 엎드려 경배하면 세상의 부와 명예를 주겠다는 것이었어요. 이는 가장 치명적인 유혹입니다. 바로 '**권력과 성공**'을 주겠다는 것이기 때문이죠. 여기서 한 가지 살펴볼 점은 '부와 명예'를 사탄이 줄 수 있다는 점이에요. 세상에서 성공하는 일이 오히려 사탄의 권세 아래 있는 큰 위험일 수 있어요. 예수님처럼 온전히 성령으로 준비되지 않은 사람에게는 독이 되는 것이죠. 성공은 칼과 같아요. 어린아이에게는 위험한 용품이지만, 장군에게는 그가 사용하는 멋진 무기가 되는 것처럼 말이죠. 실제로 수많은 사람들이 명예를 얻기 시작하면 이 유혹에 빠지는 경우가 많아요. 그만큼 우리 마음에는 끊임없이 신처럼 높아지고 싶은 욕망이 있기 때문이에요. 하지만 예수님은 이 시험 역시 멋지게 이겨내십니다. 바로 '하나님께만 경배하고 섬긴다!'라고 말씀하시면서 말이에요. **크리스천은 세상의 성공보다 하나님과 함께 하는 삶에 더 완전한 의미가 있습니다. 세상의 성공과 쾌락은 잠깐이고, 하나님의 평안은 영원하기 때문입니다.**

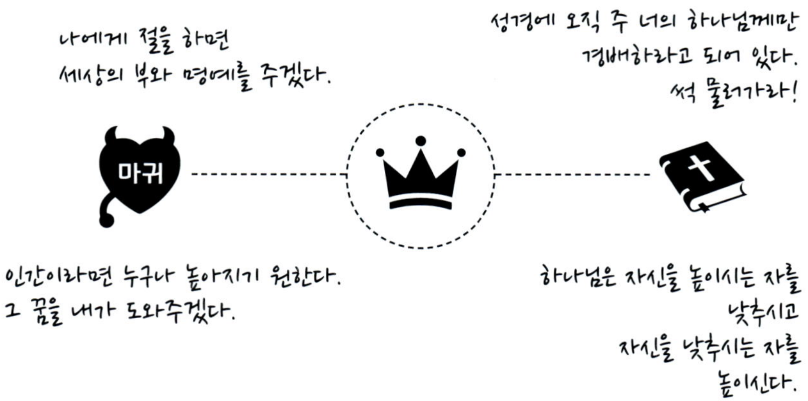

[마태복음 4장] 개역한글

9- 가로되 만일 내게 엎드려 경배하면 이 모든 것을 네게 주리라
10- 이에 예수께서 말씀하시되 사단아 물러가라 기록되었으되 주 너의 하나님께 경배하고 다
만 그를 섬기라 하였느니라

우리에게 찾아오는 시험

예수님이 이 3가지 시험을 모두 이겨내시자 사탄은 떠나갔어요. 그리고 그제서야 천사들이 나타나 예수님의 시중을 들었지요. 예수님과 마찬가지로 저희에게도 언제나 이런 시험과 유혹들이 찾아옵니다. 본능과 능력과 성공을 자극하면서 말이에요. 그 유혹과 시험은 때때로 거부할수 없을 정도로 치명적이기도 하고, 큰 고난과 문제를 통해 넘어지게 하기도 합니다.

시험을 온전히 이기고 찾아오는 은혜는 비교할 수 없을 정도로 크고 놀랍습니다. 하지만 그 시험과 고난 안에 있을 때는 이미 마련되어 있는 하나님의 축복을 발견하지 못하는 경우가 많습니다. 그래서 우리는 수시로 하나님을 원망하는 것이죠. 예수님이 모든 시험을 흔들리지 않고 이긴 이유는 하나님에 대한 '전적인 신뢰'입니다. 나를 구원하시고, 책임지시고, 더 좋은 것을 마련해 주시는 전능하신 창조주 아버지를 믿는다면 어떤 시험에서도 능히 이길 힘을 주십니다.

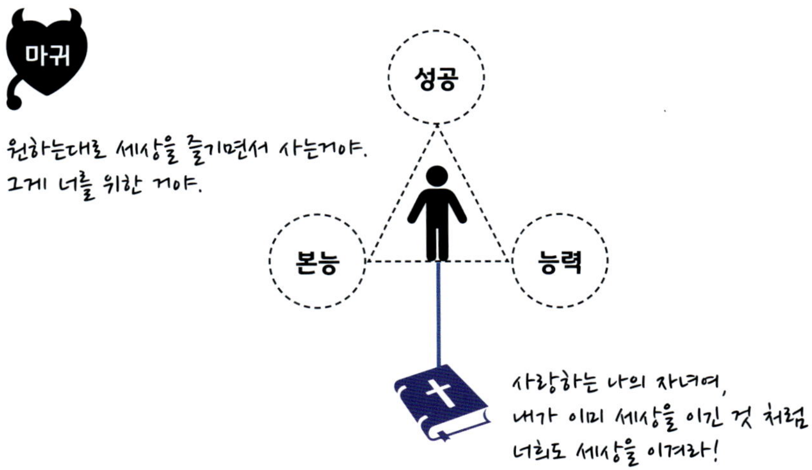

[요한복음 16장] 개역한글

33- 이것을 너희에게 이름은 너희로 내 안에서 평안을 누리게 하려함이라 세상에서는 너희가 환난을 당하나 담대하라 내가 세상을 이기었노라 하시니라

5-3

예수님이 하셨던 일들이 궁금해!

첫 번째, 가르치시는 사역을 하셨어.

스승 예수님

예수님의 첫 번째 일은 '가르침'이었어요. 사람은 태어나 오랜 시간 배우면서 성장해요. 아기일 때는 부모님께 그리고 성장하면서 그에 맞는 유치원, 학교, 대학교 심지어 일을 하면서도 배우지요. 그만큼 무엇인가 배운다는 것은 정말 중요해요. 어릴 때는 우리가 올바르고 잘 살아가기 위해 필요한 기본 교육을 받아요. 그다음 어른이 돼서는 각자 발전하고 싶은 부분을 더 배워나간답니다. 교육을 제대로 받지 못하면 어떻게 될까요? 내가 살고 있는 사회 안에서 마땅히 누려야 하는 권리를 잘 알지 못해요. 어떻게 생활하고 살아가야 하는지 잘 모르게 되지요. 그럴 경우 다른 사람들에게 피해를 주게 될 수도 있겠죠?

지금 우리가 살고 있는 **이곳에서 필요한 교육을 받고 있듯이 하나님 나라를 가기 위해서도 마찬가지랍니다.** 우리의 삶은 여기서 끝나는 것이 아니니까요. 예수님은 우리에게 오셔서 사랑으로 살아가는 방법을 알려주셨어요. 또 무엇보다 중요한 것은 사람의 목적을 다시 깨닫게 하신 일이에요. 온 세상과 사람은 갑자기 신기한 기적으로 만들어지지 않았어요. 창조주가 계시다는 것을 꼭 기억해야 한답니다. 이때 우리는 앞서 창조와 죄를 통해 사람이 하나님의 말씀을 듣기 싫어하는 마음이 생겼다는 것을 배웠어요. 하지만 죄로 인해 끊어진 하나님과의 관계를 회복하기 위해서는 다시 하나님의 말씀을 듣고 알아야 해요. 그래서 **예수님은 하나님의 말씀에 대하여 가르치는 일을 중요하게 생각하셨지요. 올바른 진리를 알려주시기 위해서예요.**

[마태복음 28장] 개역한글

19- 그러므로 너희는 가서 모든 족속으로 제자를 삼아 아버지와 아들과 성령의 이름으로 세
례를 주고
20- 내가 너희에게 분부한 모든 것을 가르쳐 지키게 하라 볼찌어다 내가 세상 끝날까지 너희
와 항상 함께 있으리라 하시니라

제자 사역

이때 예수님은 혼자서 하지 않으셨어요. 12명의 제자들을 만드시고 함께 하셨어요. 광야의 시험을 마치고 돌아온 직후 하신 일은 제자를 부르신 일이지요. 왜일까요? 예수님은 자신이 오랫동안 이 땅에 머물지 않을 것을 알고 계셨어요. 그래서 제자를 두시고 그들에게 자신의 말씀과 삶을 가르치신 거예요. 예수님이 떠나시면 이제 제자들이 그 일을 이어서 해야 하기 때문이니까요. 제자들은 또 계속해서 다른 제자들을 두게 되고, 그렇게 예수님의 복음이 전파되어 갔어요.

누가 예수님의 제자가 됐을까요? 예수님의 제자는 특별한 사람들이 아니었어요. 남들보다 힘이 세거나, 훨씬 똑똑하거나, 사람들에게 인기있는 영웅이 아니었죠. 예수님은 꼭 뛰어난 사람을 찾지 않았어요. 왜냐하면 예수님은 스스로 완전한 능력이 있으셨기 때문이지요. 또 오히려 **평범하고 연약한 그 사람을 통해서 하나님의 능력을 증명할 수 있었어요. 그러므로 예수님을 믿으며 살기로 다짐한 우리 모두가 그분의 제자가 될 수 있답니다.** 특히 예수님은 먼저 각 사람에게 찾아가셨어요. '제자 모집'이라는 공개 홍보를 하지 않으셨죠. 왜냐하면 예수님의 제자는 이미 정해져 있었거든요. 예수님은 자신의 제자, 그 각 사람을 이미 잘 알고 계셨어요. 어떤 일을 하는지, 어떤 문제가 있는지, 어떤 아픔이 있는지, 어떤 꿈이 있는지 말이에요. 그래서 그 사람의 소망을 예수님은 이뤄주신 것이지요. **예수님은 언제나 먼저 찾아오세요. 저와 여러분에게 말이에요.** 당신이 이 책을 읽고 있는 것 역시 절대 우연한 일이 아니랍니다.

[누가복음 5장] 개역한글

10- 세베대의 아들로서 시몬의 동업자인 야고보와 요한도 놀랐음이라 예수께서 시몬에게 일러 가라사대 무서워 말라 이제 후로는 네가 사람을 취하리라 하시니
11- 저희가 배들을 육지에 대고 모든 것을 버려두고 예수를 좇으니라

5-4

예수님이 하셨던 일들이 궁금해!

두 번째, 아픈 사람을 치료하시는 사역을 하셨어.

의사 예수님

만약 여러분이 몇 년 동안 낫지 않는 심각한 병이 있다고 해볼까요? 어느 날 못 고치는 병이 없는 신비한 능력을 갖고 있는 사람이 나타났다는 소문을 들어요. 그 사람은 앉은뱅이도 일으키고, 피부병도 낫게 하고, 장님의 눈을 뜨게도 한다고요. 당신의 병이 간절히 낫기 원하던 만큼 어떻게든 그 사람에게 찾아가 보겠죠. 왜 **간절**해지나요? 병에 걸렸는데 딱히 힘든 게 없다면 간절하지 않을 거예요. 간절한 마음이 큰 것은, 그만큼 너무 힘들기 때문이에요. 도저히 그대로 살 수 없을 정도로 말이에요. 매일, 매 순간 눈물을 흘리고 있을지도 모르죠. 예수님은 그런 사람들의 병을 치료해 주셨어요. 그들의 **아픔에 공감**하셨기 때문이에요. 예수님은 참 따뜻하시고 사랑이 많으시고 다정한 분이시죠. 예수님의 치유사역은 몸의 병만 고치시지 않았어요. 예수님께 중요했던 것은 영혼의 회복이셨거든요. 죄로 인해 병이든 영혼을 치유하여 하나님께 돌아가도록 말이에요. 예수님은 그렇게 사람들을 살려내셨어요.

[마태복음 4장] 개역한글

23- 예수께서 온 갈릴리에 두루 다니사 저희 회당에서 가르치시며 천국 복음을 전파하시며
백성 중에 모든 병과 모든 약한 것을 고치시니
24- 그의 소문이 온 수리아에 퍼진지라 사람들이 모든 앓는 자 곧 각색 병과 고통에 걸린 자,
귀신 들린 자, 간질하는 자, 중풍병자들을 데려오니 저희를 고치시더라

믿음과 말씀으로 고치시다

예수님이 병을 고쳐주신 사람들과 방법에는 공통적인 특징이 있어요. 바로 '**믿음과 말씀**'이에요. 병이 낫게 된 사람들은 전적으로 예수님이 자신을 치료해 주실 수 있다는 것을 믿었어요. 그 간절한 마음으로 예수님의 옷자락을 잡기도 하고, 예수님을 만나기 위해 나무와 지붕 위에 올라가기도 했지요. 예수님은 그러한 사람들의 마음을 보시고 언제나 물어보셨어요. "내가 낫길 원하니? 내가 너를 치료할 수 있다는 것을 믿니?"라고 하면서요. 이 질문에 믿음으로 답한 이들은 어떤 병이라도 낫게 되는 놀라운 기적이 일어났지요.

또 예수님은 병자를 치료하기 위해 수술을 하거나 다른 의료 방법을 사용하지 않았어요. 그럴 필요가 없으셨지요. **오직 말씀**으로 치료하셨어요. 예수님이 '나을 것이다.'라고 얘기하시면 그대로 되셨지요. 마치 하나님이 말씀으로 온 세상을 창조하신 것처럼 말이에요. 전능하신 분은 그 능력을 위해 꼭 있어야 하는 어떤 도구나 장치도 필요하지 않으시답니다. 말씀만으로 전능한 능력과 힘이 있기 때문이에요. 창조주의 능력이 얼마나 위대하신지 상상이 가시나요? 하지만 그렇다고 하나님을 요술램프의 지니처럼 생각하면 안 되지요. 하나님은 우리의 생각으로 담을 수 없을 정도 위대하시니까요. 나의 문제를 기도하면 하나님이 들어주시지만, 내가 원하는 방법과 결과로 달라고 떼를 쓰기 보다 **하나님의 방법을 신뢰**해야 합니다.

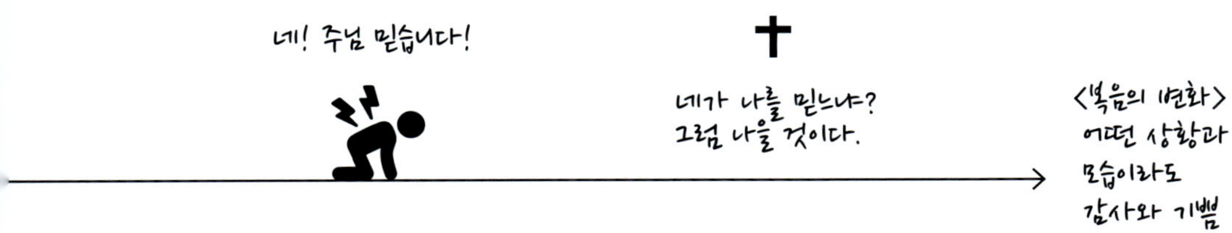

[마태복음 8장] 개역한글

16- 저물매 사람들이 귀신 들린 자를 많이 데리고 예수께 오거늘 예수께서 말씀으로 귀신들을 쫓아 내시고 병든 자를 다 고치시니

● 문둥병자를 고치시다

마태복음 8장 3절 : 예수님께서 손을 내밀어 그 사람에게 대시며 말씀하셨습니다. "내가 너를 고쳐 주길 원한다. 깨끗하게 나아라!" 그러자 바로 그 사람의 문둥병이 나았습니다.

● 중풍병 걸린 백부장의 하인을 고치다

마태복음 8장 13절 : 예수님께서 백부장에게 말씀하셨습니다. "가거라. 네가 믿은 대로, 네게 이루어질 것이다." 그러자 백부장의 종이 그 순간 치료되었습니다.

● 열병으로 앓아 누운 베드로의 장모를 고치시다

마태복음 8장 15절 : 예수님께서 그 여자의 손을 만지시니, 열이 사라졌습니다. 그 여자가 일어나 예수님을 대접했습니다.

● 열 두해를 혈루증으로 앓던 여자를 고치다

마태복음 9장 22절 : 예수님께서 뒤돌아 서서 그 여자를 보고 말씀하셨습니다. "안심하여라, 딸아! 네 믿음이 너를 구원하였다." 그 즉시, 그 여자의 병이 나았습니다.

● 귀신들려 벙어리 된 자를 고치시다

마태복음 9장 33절 : 예수님께서 귀신을 내쫓자, 말 못했던 사람이 말을 하게 되었습니다. 사람들은 놀라서 말했습니다."이스라엘에서 이와 같은 일이 일어난 적이 없다."

● 손 마른 사람을 고쳐주시다

마태복음 12장 13절 : 그리고 나서 예수님께서 손이 오그라진 사람에게 말씀하셨습니다. "손을 펴 보아라." 그 사람이 손을 펴자, 그 손이 다른 손처럼 회복되었습니다.

[마태복음 11장] 개역한글

4- 예수께서 대답하여 가라사대 너희가 가서 듣고 보는 것을 요한에게 고하되
5- 소경이 보며 앉은뱅이가 걸으며 문둥이가 깨끗함을 받으며 귀머거리가 들으며 죽은 자가
살아나며 가난한 자에게 복음이 전파된다 하라

● **귀가 안들리는 사람을 고치시다**

마가복음 7장 34절 : 그리고 하늘을 우러러보시며 깊은 숨을 쉬셨습니다. 그런 다음 그 사람에게 "에바다!"라고 말씀하셨는데, 이는 "열려라"라는 뜻입니다.

● **허리굽은 사람을 고치시다**

누가복음 13장 11-12 : 거기에 십팔 년 동안, 병마에 시달린 여자가 있었습니다. 그는 허리가 굽어서 몸을 조금도 펼 수 없었습니다. 예수님께서 그 여자를 보시고 가까이 불러 말씀하셨습니다. "여자여, 네가 병에서 해방되었다."

● **앉은뱅이를 고치시다**

요한복음 5장 8-9 : 그 때, 예수님께서 말씀하셨습니다. "일어나서 당신의 침상을 들고 걸어가시오." 그 즉시, 그 남자는 병이 나았습니다. 그는 그의 침상을 들고 걸어가기 시작했습니다. 그런데 그 날은 안식일이었습니다.

● **장님을 고치시다**

요한복음 9장 7절 : 예수님께서 그 사람에게 말씀하셨습니다. "실로암 샘에 가서 씻어라." 그 사람은 샘으로 가서 씻었고, 앞을 보게 되어 돌아왔습니다.

● **죽은 나사로를 살리시다**

요한복음 11장 43-44 : 예수님께서는 이 말씀을 하신 후, 큰 소리로 말씀하셨습니다. "나사로야, 나오너라!" 죽은 사람이 밖으로 나왔습니다. 그의 손과 발은 천으로 감겨져 있었으며, 얼굴도 천으로 둘러싸여 있었습니다. 예수님께서는 사람들에게 "천을 풀어 주어 다니게 하여라."하고 말씀하셨습니다.

아가페 쉬운성경

[요한복음 14장] 개역한글

12- 내가 진실로 진실로 너희에게 이르노니 나를 믿는 자는 나의 하는 일을 저도 할 것이요 또한 이보다 큰 것도 하리니 이는 내가 아버지께로 감이니라

5-5

예수님이 하셨던 일들이 궁금해!

세 번째, 모든 사람에게 복음을 전파 하셨어.

전도 사역

예수님이 하셨던 일 중 무엇보다 중요했던 것은 **복음을 전하는 전도**였어요. 가르치는 일과 치유하는 일의 목적은 결국 예수님 자신이 '진리'라는 사실을 알리는 데 있기 때문이에요. 그렇다면 예수님이 직접 이 땅에 찾아오셔서 전하고 싶던 복음은 도대체 무엇일까요? 이 복음의 진리는 이 세상에서 살아갈 때 필요한 답과 죽음 이후에 살아갈 세상의 답, 2가지를 모두 제시해 준답니다.

사람들은 자신이 겪지 않은 일을 잘 믿지 않아요. 또 의심부터 하거나 아예 관심을 두지 않기도 해요. 진리도 마찬가지죠. 지금 당장 나에게 간절히 필요한 밥, 병 치유, 생활의 걱정부터 중요하죠. 그래서 예수님은 그 현실의 문제들을 해결해 주면서 진리를 전했던 거예요. 그래야 사람들이 더욱 크게 반응하고 믿기 때문이죠. 또 불가능한 문제들을 해결해 주는 기적을 보고 신의 존재를 생각할 수 있었으니까요. 그럼 복음에서 묵상할 수 있는 2가지 진리를 한번 생각해볼까요?

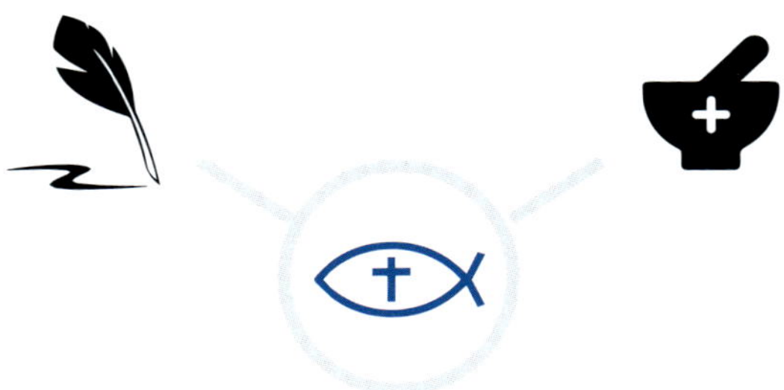

[요한복음 14장] 개역한글

6- 예수께서 가라사대 내가 곧 길이요 진리요 생명이니 나로 말미암지 않고는 아버지께로 올
자가 없느니라

첫 번째, 이 세상에서 '평안'

여러분 돈이 아주 많으면 행복할까요? 필요한 것을 부족함 없이 살 수 있으니 편리하겠지만, 부자라고 절대적으로 행복하지는 않아요. 또 외모가 아주 아름다우면 행복할까요? 사람들의 관심에 즐거울 수 있지만, 행복하지 않을 수 있어요. 돈, 외모, 능력 같은 것들은 언제나 나보다 더 뛰어난 다른 사람이 있으니까요. 우리들의 마음에 죄는 '만족'이라는 것을 모르게 만들어요. 계속해서 더 많은 것을 갖길 원하게 만들거든요. 여러분 밑빠진 독을 들어봤죠? 항아리 바닥에 구멍이 뚫려 있을 때 아무리 물을 채워도 끝이 나지 않아요. 세상의 만족은 그런 것이에요. 채워도 채워도 끝이 나지 않아요. 결국 몸과 마음이 지칠 뿐이죠. 이때 예수님은 우리에게 완전한 '채움'을 주세요. 더 이상 밑빠진 독에 물을 채우며 진이 빠지지 않도록 살 수 있어요. 어떻게 가능하냐고요? 하나님이 우리의 창조주라는 사실을 잊지 않았지요? 나를 **창조하신 분 만이, 나를 완전하게 만드실 수 있기 때문**이랍니다.

두 번째, 하나님 나라에서의 '영원'

사람은 모두 죽지요. 그 일은 누구도 피해 갈 수 없어요. 그러면 죽고 나서 어떻게 될까요? 성경은 천국과 지옥을 말하고 있어요. 지옥은 무섭고 고통스럽고 아픔과 절망만 있는 곳이에요. 반면 천국은 아름답고 사랑이 넘치고 기쁨과 행복이 가득한 곳이죠. 천국과 지옥을 나누는 것은 하나님의 존재 여부에요. 하나님이 곧 '선함과 사랑'의 모든 것이므로, 하나님이 계신 천국은 절대 선의 세계에요. 반대로 지옥은 절대 악인 고통뿐인 세계지요. 또 천국과 지옥은 영원한 시간이에요. 갔다가 내 마음대로 나올 수 없어요. 영원히 힘든 벌을 받고 싶어 하는 사람은 아무도 없을 거예요. 그래서 **예수님은 천국에 살 수 있는 단 한 가지의 방법**, 그 진리를 직접 전하기 위해 이 땅에 오셨어요. 하나님의 말씀을 증명하기 위해서 말이에요.

[요한복음 17장] 개역한글

21- 아버지께서 내 안에, 내가 아버지 안에 있는것 같이 저희도 다 하나가 되어 우리 안에 있게 하사 세상으로 아버지께서 나를 보내신 것을 믿게 하옵소서

5-6

예수님을 믿는다는 것은 뭔데?

나보다 완전한 믿음의 대상을 신뢰하는거야.

믿음의 대상

앞서 병자들을 치유하신 예수님의 사역을 통해 그분의 능력은 불가능이 없으시다는 것을 알았어요. 이처럼 우리는 예수님께 힘든 상황이나 풀리지 않는 문제를 기도하며 응답해 주시길 바랄 때가 많습니다. 예수님은 그런 간절한 기도를 놀랍게 응답해 주시기도 하지만, 그렇지 않을 때도 있습니다. 중요한 점은 믿음을 '내 소원을 들어주는 장치'라고 바라봐서는 안되지요. 즉, **우리가 기도하는 이유**가 무엇인지를 살펴봐야 해요. 그러기 위해서 믿음에 대해서 한번 생각해 봅시다.

여러분은 누군가에게 '믿는다'라는 표현을 언제 사용하시나요? 예를 들어 봅시다. 내가 생각한 답과 상대방이 말한 답이 다를 경우, '나는 너를 더 믿어.'라고 말하며 내 답을 포기하는 순간이 생기기도 합니다. 왜 그렇나요? 나보다 그 상대방이 해당 문제에 더 전문적인 지식이 있을 때 그렇습니다. 그 사람의 답이 내 생각보다 더 완전하다고 믿게 되는 것이죠. 또 병을 고치기 위해 내 몸에 칼을 대야 하는 경우, '의사 선생님을 믿어.'라고 보지요. 잘못하다가는 목숨을 잃을 지도 모르지만 의사 선생님이 '이 병을 치료할 수 있다'라는 믿음이 있는 것입니다. **믿음은 내가 바라는 소원을 움켜잡는 것이 아닙니다. 믿음은 그 대상을 신뢰하는 것이라는 점**이 가장 중요합니다. 때로는 내가 생각한 답과 다른 방향을 제시할 수도 있겠지요. 또 예상치 못하게 받은 답변이 내 기준으로는 이해할 수 없는 것이라고 할지라도 믿음은 그 사람을 따르도록 만들어 줍니다.

[마가복음 11장] 개역한글

11- 그러므로 내가 너희에게 말하노니 무엇이든지 기도하고 구하는 것은 받은 줄로 믿으라 그리하면 너희에게 그대로 되리라

내가 만일 소화가 잘되지 않아서 소화제를 처방받으려고 병원을 방문했다고 해봅시다. 이때 정밀한 검진을 받고 나서 위암이 있다는 사실을 의사에게 듣게 됩니다. 이 경우 '나는 소화제만 받으려고 한 건데, 암이 있다고 하니깐 믿을 수가 없어. 그냥 소화제만 주세요.' 라고 말하는 사람은 거의 없겠지요? 왜냐면 의사를 더 신뢰하고, 그 검진 결과를 눈으로 직접 확인했기 때문이에요. 만약 계속해서 소화제만 달라고 떼를 쓴다면 그 사람은 의사와 병원을 믿지 못하는 것이겠죠. 자신의 선택과 방법이 가장 완전하다고 믿는 사람인 것입니다.

이번에는 의사 입장이 되어 볼까요? 위암을 계속 놔두면 그 사람은 죽고 맙니다. 환자를 진심으로 살리고 싶어 하는 의사는 어떻게 해서든 설득하려고 할 테지요. 또 소화제를 먹으면 안된다는 것을 알고 있다면, 아무리 환자가 떼를 쓴다고 약을 처방해 주지 않을 거예요. 그런데 환자의 생명에 관심이 없는 의사라면, 환자의 요구대로 처방해 주게 됩니다. 그렇게 해서 자신에게 맡겨진 책임을 빨리 끝내버리고 싶기 때문이에요. 우리는 환자이고, 예수님의 의사지요. 우리는 때때로 원하는 답을 정하고, 예수님께 기도로 떼를 쓰는 경우가 많이 있습니다. 나에게 암이 있는데 지금 당장 배가 아플 때 듣는 약만 주면 된다고 하는 모습처럼 말이에요. 우리가 예수님을 온전히 신뢰하게 되면, 예수님이 나를 사랑하시고 내 생명을 진심으로 살리고 싶어 하신다는 점을 믿게 되면, 내가 생각한 답이 아니더라도 **예수님의 방법**을 따르게 됩니다. 이러한 태도가 바로 믿음인 것이죠.

예수님을 완전히 신뢰할수록 내가 생각한 기준에서 많이 벗어난 일도 맡길 수 있습니다. 이때 예수님을 직접 만나서 얘기하지도 못하는데 어떻게 믿는지 의문이 들 수도 있습니다. 그래서 하나님은 그 사랑을 풀어 놓으신 **성경**을 주신 것이지요. 말씀을 읽으면, 우리가 어떻게 살아가야 하는지 알게 되고 약속을 완성하신 **하나님을 더욱 신뢰**하고 바라볼 수 있게 된답니다.

[로마서 4장] 개역한글

20- 믿음이 없어 하나님의 약속을 의심치 않고 믿음에 견고하여져서 하나님께 영광을 돌리며
21- 약속하신 그것을 또한 능히 이루실 줄을 확신하였으니

Next Level

"예수님이 내 문제도 해결해 주실까?"

너 말대로 예수님은 진짜 놀라운 일들을 하셨네. 말도 안 되는 기적을 일으키시기도 했고...! 사실 우리 어머니가 꽤 오랫동안 몸이 안 좋으셔서 걱정이 많거든. **나도 예수님께 기도하면 해결이 될까?**

그 부분은 내가 확실히 답을 주기가 어려워. 하나님은 우리의 기도를 들으시는 분은 맞지만, 사람의 소원대로 따라주는 분이 아니니까. 때때로 우리들은 기도를 했으니깐 그대로 이뤄지기를 바라지. 하지만 기도한 사람 마음대로 뜻이 이뤄진다면 이 세상의 모든 균형은 깨질지도 몰라. 자연 생태계를 보면 알 수 있듯이 하나님은 질서를 만드시고 보호하시는 분이야.

다만 한 가지 분명히 말할 수 있는 건 있어. **네가 정말로 예수님을 믿고 기도한다면, 그 기도는 하나님이 꼭 들어주실거야.** 내가 원한 결과가 아닐지라도 하나님 보시기에 훨씬 더 좋은 길로 인도해 주실 거야. 우리는 그렇게 '하나님에 대한 믿음'으로 살아가는 것이지. 어떻게 신뢰할 수 있냐고? **전능하신 하나님, 나의 창조주 아버지, 나를 사랑하시는 분, 이 3가지를 기억한다면 나를 선하게 인도하시는 하나님의 뜻을 믿게 될 거야.** 우리를 위해 죽음을 감수하기까지 크신 사랑이니까.

DAY.5 예수님의 사역

5장의 내용을 이해하고 다음 질문을 묵상해봅시다.

1

[5-1]에서 예수님은 요한에게 세례를 받으시고 광야에서 40일 금식 기도를 하셨습니다. 그 후 마귀가 나타나 3가지 시험을 했습니다. **마귀는 왜 40일 금식 기도가 끝날 무렵 찾아왔을까요? 그 이유에 대해 묵상해 보고 나에게 찾아오는 시험의 의미도 생각해 봅시다.**

2

[5-2]에서 마귀의 3가지 시험을 설명합니다. 마태복음 4장을 함께 읽으면서 **나에게 어떤 시험이 찾아왔었는지 생각해 봅시다. 또 자주 유혹되는 연약한 부분**이 무엇인지 알아봅시다.

3

[5-3]에서 예수님이 하셨던 일을 크게 3가지로 설명했습니다. 치유, 가르침, 복음 **이 3가지를 나는 예수님을 통해 받았는지 되돌아봅시다.**

예수님은
왜 죽임 당하셨을까?

"우리 죄를 대속하기 위하여 죽으셨다."

저가 모든 사람을 대신하여 죽으심은 산 자들로 하여금
다시는 저희 자신을 위하여 살지 않고
오직 저희를 대신하여 죽었다가 다시 사신 자를 위하여 살게 하려 함이니라

- 고린도후서 5장 15절

6-1

구원자라던 예수님은 왜 일찍 돌아가신 거야?

예수님께 맡겨진 모든 일을 다 이루셨기 때문이야.

다 이루신 예수님

예수님은 세례를 받으신 후 3년 동안 공생애를 하시고 십자가에 달려 돌아가셨어요. 너무 짧은 기간이라고 생각되시나요? 하지만 예수님은 3년 동안 많은 일을 하셨고, 하나님이 맡겨주신 사명을 완수하셨어요. 할 일이 더 남았는데 무력하게 돌아가신 게 아니랍니다. 예수님이 돌아가시기 직전 하신 말씀에서도 알 수 있어요. 그분은 "다 이루었도다."라고 말씀하시고 숨을 거두셨죠. 또한 예수님은 죽음 그대로 끝나지 않았어요. 죽음보다 더 놀라운 사실, 바로 부활이 찾아왔으니까요. 예수님은 온전한 몸으로 다시 살아나셔서 증명하셨어요. 정말 놀라운 일이에요.

하나님이 우리를 사랑하셔서 창조하시고, 지은 죄를 용서하고 깨끗게 하시고자, 그 죄를 대신하여 희생하신 예수님을 통해 **구원의 길**이 완성되신 것이죠. 이제 우리의 구원을 위해 죽음까지 감수한 예수님을 알아봅시다. 예수님의 죽음을 이해하기 위해 그 시대의 상황과 배경을 아는 게 좋아요. 죄 없으신 예수님이 어떻게 사형을 받게 되셨는지 천천히 읽어가며 십자가 죽음과 고난을 깊게 묵상해 볼까요?

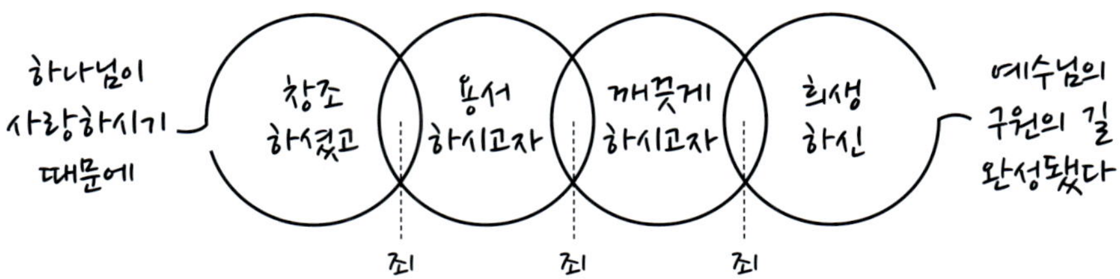

[창세기 3장] 개역한글

15- 내가 너로 여자와 원수가 되게하고 너의 후손도 여자의 후손과 원수가 되게 하리니 여자의 후손은 네 머리를 상하게 할 것이요 너는 그의 발꿈치를 상하게 할 것이니라 하시고

말씀과 함께 읽는 예수님의 십자가 이야기

유대인이 원한 구원자와 예수님은 어떻게 달랐는지
기억하며 십자가 이야기를 읽어보자.

유대인들이 생각한 메시아

높아짐과 지배			
뛰어난 능력과 힘	율법을 모두 지킴	로마의 지배에서 승리	유대인을 위한 구원
↕	↕	↕	↕
하나님의 능력	율법의 모든 **완성**	**죄**의 지배에서 승리	**모든 사람**을 위한 구원
낮아짐과 섬김			

구원자 예수 그리스도

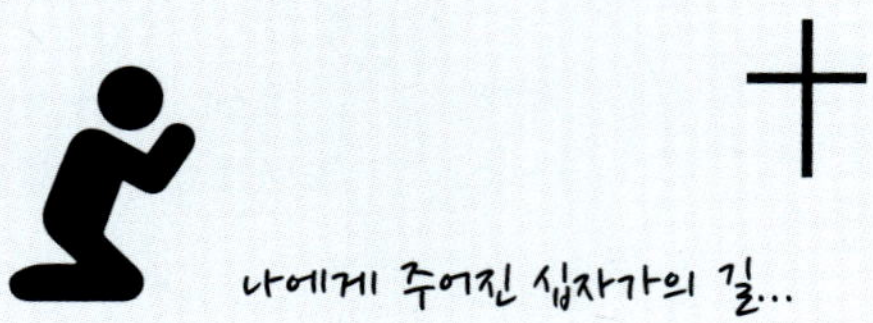

[마태복음 5장] 개역한글

17- 내가 율법이나 선지자나 폐하러 온 줄로 생각지 말라 폐하러 온 것이 아니요 완전케 하려
함이로라

예수님의 살던 시대의 배경과 상황을 알면
더 쉽고 재밌게 읽을 수 있어요.

로마

로마 총독

《본디오 빌라도》
예수 그리스도에게 반역죄를 씌워 사형을 내린 유대 주재
로마 제5대 총독

친교 정책= 민족 관리 권한

이스라엘

*유대인 지도자층
: 로마의 특혜

대제사장

《가야바》
하나님에게 제사 지내는 일을 맡아보던 성직자. 가장 높은 사제.

바리새파 | 사두개파 | 에세네파

[유대교의 3대 종파]

유대 민족

*유대인 일반인
: 로마의 억압

유대인 : 모세를 통해 이집트의 노예에서 벗어나 이스라엘 나라를 세운 민족.
종교 : 유일신 하나님을 믿음.
율법 : 지도자 모세에게 받은 생활 제도를 지키는 것.
안식일 : 하나님의 창조 섭리에 따라 일주일 중 마지막 날 아무것도 하지 않고 휴식
구원의 믿음 : 구약 성서의 내용에 따라 유대인은 하나님의 택함 받은 백성이며,
자신들을 구원해줄 메시아를 보낼 것이라는 믿음.

[사도행전 28장] 개역한글

28- 그런즉 하나님의 이 구원을 이방인에게로 보내신줄 알라 저희는 또한 들으리라 하더라

①
안식일이 일하신 예수님이 탐탁지 않은 종교지도자

예수님은 안식일에도 똑같이 사람들을 치료하셨어요. 한 번은 태어날 때부터 앞을 보지 못하는 사람의 눈을 뜨게 해주셨지요. 장님이 앞을 보게 된 것을 보고 사람들이 놀라서 물었어요.

"아니, 이 사람은 장님이어서 앉아서 구걸만 했었는데! 당신이 어떻게 앞을 볼 수 있게 된 것이지?"

"예수님이 고쳐 주셨습니다. 그분이 내 눈에 진흙을 바르고 실로암 샘에서 씻으라고 한 말씀을 따르니 눈이 뜨였습니다!"

사람들은 그 자를 바리새인들에게 데려가 그 놀라운 일을 설명했습니다. 이야기를 들은 바리새인들은 예수님의 편이 갈렸습니다. 한쪽은 예수님의 존재를 인정하지 않았고, 한쪽은 예수님의 기적을 믿었습니다.

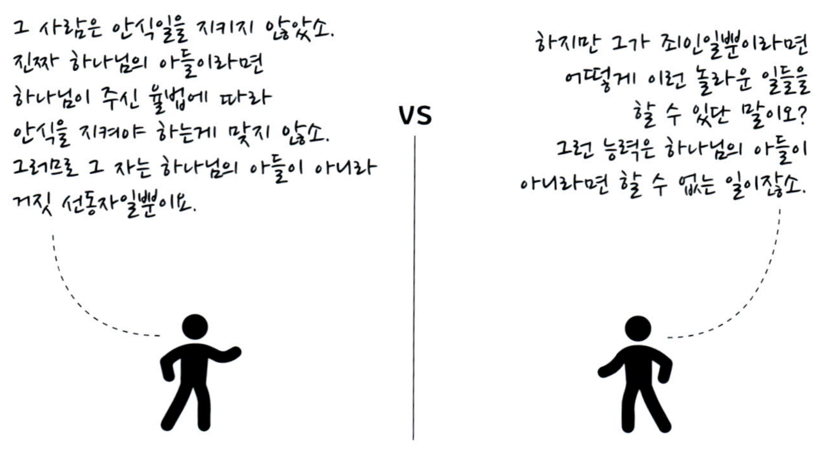

[요한복음 9장] 개역한글

16- 바리새인 중에 혹은 말하되 이 사람이 안식일을 지키지 아니하니 하나님께로서 온 자가
아니라 하며 혹은 말하되 죄인으로서 어떻게 이러한 표적을 행하겠느냐 하여 피차 쟁론이
되었더니

②

교만해진 유대인들을 훈계하시는 예수님

유대인들은 자신들만 구원해 줄 '메시아'를 기다리고 있었어요. 이때 그들이 생각하는 구원자란 '로마의 지배에서 벗어나게 해줄 영웅'이었어요. 유대인들은 예수님이 정말 '자신들을 위한 구원자'가 맞는지 알고 싶어 했어요. 하지만 예수님은 유대인만을 위해 이 땅에 오신 분이 아니셨어요. 예수님은 모든 사람에게 구원의 기쁜 소식을 전하기 위해서 오셨거든요. 일부 유대인들은 그런 예수님의 모습이 마음에 들지 않았던 것이에요. 언젠가 예수님이 솔로몬 행각이 있는 성전 뜰 주변을 걷고 있을 때 찾아와 말했어요.

"당신이 정말 우리를 구원해 줄 그리스도가 맞는 것입니까? 그렇다면 그만 애태우게 하지 마시고 로마의 지배에서 벗어나게 해주십시오."

그 말의 예수님은 오히려 그 유대인들을 나무랐어요.

"너희는 나를 믿지 않는구나. 내가 내 아버지인 하나님의 이름으로 행하는 일들이 나를 증언하고 있다. 너희가 나의 양이 아니기 때문에 이 모든 일을 믿지 않는 것이겠지. 너희들이 원하는 구원은 나의 일이 아니다."

이러한 예수님의 말씀에 유대인들은 화가 났어요. 마치 구원을 받지 못한다고 들은 것과 다름없었기 때문이에요. 자신들은 하나님의 택하신 백성이고 구원의 약속을 받았다고 믿어 왔던 터였으니까요.

우리 유대인들은 하나님이 택하신 백성이고,
구원을 약속받은 민족이오.
그런 우리에게 당신을 믿지 않으면 구원 받지 못한다고 하다니!
예수의 말은 신성모독이야!

[요한복음 10장] 개역한글

25- 예수께서 대답하시되 내가 너희에게 말하였으되 믿지 아니하는도다 내가 내 아버지의 이름으로 행하는 일들이 나를 증거하는 것이어늘
26- 너희가 내 양이 아니므로 믿지 아니하는도다
27- 내 양은 내 음성을 들으며 나는 저희를 알며 저희는 나를 따르느니라

③
예수님을 따르는 사람들이 많아지는 것을 경계함

예수님이 놀라운 치유 사역을 통해 그분을 믿는 사람들이 계속해서 늘어나고 있었어요. 급기야 죽었던 나사로를 살리신 사건에 정점을 찍게 되죠. 그 일은 신이 아니고서는 할 수 없는 정말 기적 같은 일이었으니까요. 이 일을 보고, 들은 수많은 사람들이 예수님을 믿게 되었어요. 그러자 대제사장들과 바리새인들은 비상 회의를 하게 된 거죠. 왜냐고요? 바리새인들은 온전히 자신의 편에 서지 않았던 예수님을 따르는 사람들이 많아지는 것이 반대 세력의 확장으로 보고 위협이 될 수 있었거든요. 예수님은 그럴 계획이 없었지만 로마의 지배 아래 있던 유대인들은 민란을 꿈꿨으니까요. 원래도 예수님의 행보가 탐탁지 않았던 바리새인들은 혹시나 폭동이 일어날지 모른다는 우려에 예수님을 죽일 계획을 세우게 되지요. 바리새인들은 말했습니다.

“보시오. 예수라는 사람이 많은 기적을 일으키고 사람들을 모으고 있소. 어떻게 하는 게 좋겠습니까? 그 자를 계속 내버려 둔다면 모든 유대인들이 예수를 믿게 될지도 모르오. 그러면 로마가 가만히 있지 않을 것입니다. 민란을 막고자 우리의 생활 터전과 사람들을 빼앗아 버릴게 분명하오. 지금처럼 바리새인들이 로마의 위임 아래 세력을 유지하기 어려워지지 않겠소?

대제사장 가야바는 대답했습니다.

“민란을 일으킨다고 승산이 있겠소? 오히려 로마가 공격하면 우리 민족은 모두 죽음을 면치 못할 것이 분명합니다. 민족이 모두 멸망당하는 것보다 한 사람이 죽는 것이 더 낫다는 사실을 깨닫지 못하겠습니까?”

[요한복음 11장] 개역한글

50- 한 사람이 백성을 위하여 죽어서 온 민족이 망하지 않게 되는 것이 너희에게 유익한 줄을
생각지 아니하는도다 하였으니
51- 이 말은 스스로 함이 아니요 그 해에 대제사장이므로 예수께서 그 민족을 위하시고

Q. 바리새인도 유대 민족인데 왜 민란이 일어나는 걸 막고자 했을까요?

유대인들 중 예수님을 따르는 사람들과 예수님을 죽이려던 사람이 나눠졌어요. 예수님을 죽이려던 사람들은 로마로부터 위임받은 특혜가 있던 이들이지요. 로마의 식민지 정책은 식민지 국가의 정체성을 인정해 주는 것이었지요. 민족을 다스리기 위해서 민족적으로 존경을 받고 있는 대제사장이나 바리새인들과 손을 잡은 것이에요. 로마는 이런 기득권 세력들에게 민족성, 종교, 자치권 등 각 부분에서 지배할 수 있는 권위를 준 것이에요. 그러다 보니 대세 사장과 바리새인같이 유대민족의 대표자들은 예수를 지지하지 않았던 것이랍니다. 마치 우리나라가 예전 일본에 식민지에 있을 때 친일파들이 독립을 원하지 않았던 것처럼 말이에요.

예수를 죽이자!		예수를 따르자!
로마와 한편	**VS**	**로마의 적대**
<유대 지도층> 로마의 지배 찬성! 그래야 우리들의 세력과 권력을 계속 유지할 수 있어.		**<유대 일반인>** 이스라엘 나라를 되찾자! 로마의 지배에서 벗어나고 싶어!
-기득권, 지배층 세력- 특정한 개인(또는 법인)이나 국가가 정당한 절차를 밟아 이미 차지한 권리.		**-피지배층 세력-** 기득권의 관리 감독 아래 통제를 받으며 살아가는 일반인들

[요한복음 11장] 개역한글

57- 이는 대제사장들과 바리새인들이 누구든지 예수 있는 곳을 알거든 고하여 잡게 하라 명령하였음이러라

④

예수님의 제자, 가룟 유다의 배신

대제사장과 바리새인들은 예수님을 언제 잡을지 의논하기 시작했어요. 대낮에 체포한다면 예수님을 따르던 사람들이 분노하여 갑자기 폭동이 일으킬지도 몰랐기 때문에, 밤에 일을 진행할 생각이었죠. 문제는 예수님이 머무시는 곳을 정확히 몰랐어요. 예수님은 정착한 집이 없었고, 제자들과 여러 지역을 돌아다니시며 사역을 하셨거든요. 그런 중 예수님의 제자 가룟 유다가 그들에게 찾아온 것이죠. 이때 가룟 유다는 마귀의 시험에 넘어져 예수님을 배신할 마음을 갖고 있었어요. 유다는 예수님이 계신 곳을 알려 주고 은 30개를 받았어요. 그날 밤 예수님은 체포되었어요.

Q. 예수님의 제자였던 유다는 왜 배신을 한걸까요?(추측)

유다는 제자 중 돈을 맡아 관리하는 일을 하고 있었어요. 성경에 기록된 다른 제자들이 했던 말들에 따라 유다가 그전에도 돈으로 문제를 일으킨 적이 있단 걸 알 수 있어요. 아마도 유다는 예수님의 제자가 됐던 이유 안에는 언젠가 민란이 일어나면 한 권력을 얻고 싶은 마음도 있었을지도 몰라요. 그런데 예수님이 민란을 일으키려고 하기보다 더 낮아지면서 섬기는 것을 가르치기만 하니 마음에 들지 않았겠죠. 결국 예수님에게서 자기가 원하는 권력을 얻을 수 없다고 느낀 유다는 배신할 마음을 품게 돼요. 유다의 마음에 강하게 있던 돈에 대한 욕심을 사탄이 이용한 셈이죠.

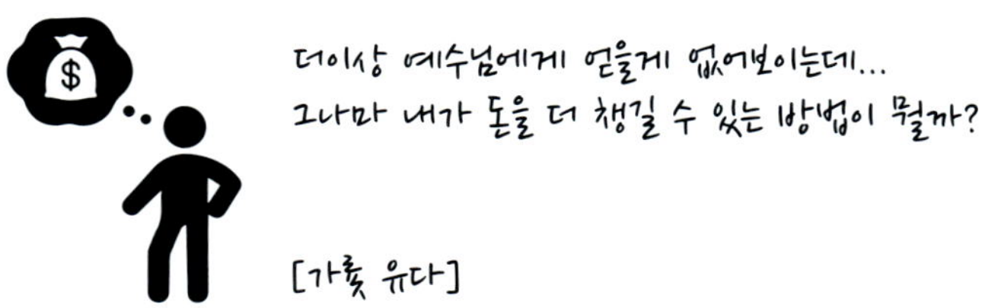

[요한복음 13장] 개역한글

26- 예수께서 대답하시되 내가 한 조각을 찍어다가 주는 자가 그니라 하시고 곧 한 조각을 찍으셔다가 가룟 시몬의 아들 유다를 주시니
27- 조각을 받은 후 곧 사단이 그 속에 들어간지라 이에 예수께서 유다에게 이르시되 네 하는 일을 속히 하라 하시니

⑤

예수님은 모든 일을 알고 계셨다

예수님은 자신이 붙잡혀 죽게 될 것을 미리 알고 계셨어요. 그래서 붙잡히시던 날 밤, 제자들의 발을 씻겨주시며 더 낮아진 섬김의 자세에 대해 알려 주시고 함께 만찬을 먹었던 것이지요. 그 후 혼자 다가올 시련을 앞두고 하나님께 기도하셨어요. 예수님도 사람이셨기 때문에 두려움이 있었어요. 성경에 보면 밤새 혼자 기도했다고 나와 있어요. 땀이 피로 변할 정도로 간절하게 말이에요. 예수님은 하나님께서 허락하시기만 한다면 그 죽음을 피하고 싶으셨을 만큼 괴로워하셨어요. 그러나 하나님의 뜻에 순종하여 모든 사람의 죄를 대신하여 자신이 희생하기로 결단하셨답니다. 우리를 사랑하셔서 구원하시려고 말이에요.

결단과 준비를 마친 예수님은 배신한 유다가 병사들과 함께 왔을 때 놀라지 않고 받아들일 수 있었던 것이죠. 물론 다른 제자들은 몹시 당황하고 놀랐어요. 대부분은 도망갔고, 몇몇은 병사들과 맞서며 예수님을 빼앗기지 않으려고 했었죠. 특히 열정적인 베드로는 위협을 하기 위해 대제사장 집종의 귀를 자를 정도로 곧바로 위협을 했으니까요. 하지만 예수님은 그 병사의 귀를 만져주시니 다시 귀가 생기도록 고쳐주셨어요. 예수님은 자신의 할 일을 완료하기 위해 베드로에게 물러가라고 말씀하셨지요.

그렇게 예수님은 붙잡혀가셨어요. 걱정된 베드로는 예수님을 따라갔지요. 예수님이 사람들에게 조롱과 고난을 받는 모습을 지켜보고 있을 때, 누군가 베드로에게 '예수님의 제가 가 아니더냐?'하고 물어요. 자신도 잡혀 죽을까 봐 순간 겁에 질린 베드로는 3번이나 예수님을 모른다고 부인하게 돼요. 그러자 날이 밝히는 닭이 울었고, 자신이 예수님을 부인할 것이라고 했던 예수님의 말씀이 생각난 것이지요. 베드로는 슬픔에 빠졌고 그제야 예수님은 정말 모든 것을 알고 계셨음을 알게 돼요.

[요한복음 14장] 개역한글

19- 조금 있으면 세상은 다시 나를 보지 못할 터이로되 너희는 나를 보리니 이는 내가 살았고 너희도 살겠음이라

20- 그 날에는 내가 아버지 안에, 너희가 내 안에, 내가 너희 안에 있는 것을 너희가 알리라

⑥

십자가 사형에 처해지시다

체포된 예수님은 사람들에게 조롱과 멸시를 받았어요. 그리고 날이 밝자 예수님을 어떤 벌을 내릴지 판결이 진행됐어요. 예수님의 십자가 사형은 어쩌다 받게 된 게 아니에요. 십자가 사형은 그 당시 죄인들이 받던 고통스러운 형벌이었어요. 그런데 죄 없으신 예수님이 도대체 왜 십자가형까지 받게 된 것이었을까요?

여기에서 우선 2가지 상황적 이유를 살펴볼 수 있어요. 첫 번째는 예수님을 믿고 따르던 사람들의 사기를 저하시키기 위함이 있어요. 그들은 예수님이 하나님의 아들이라고 믿었기 때문에 죄인으로 만들어 사형을 하면 당황하게 될 테니까요. 그렇게 해서 예수님을 따르던 사람들을 혼란스럽게 해서 흩어지게 할 계획이었죠. 두 번째는 판결 장소에 바리새인 쪽의 사람들이 많았어요. 그들은 이미 예수님을 죽이기로 계획하고 마음을 맞춘 사람들이지요. 한 패라고 볼 수 있겠죠? 그러니 예수님의 형벌을 정할 때 주저하지 않고 십자가 사형을 외쳤던 것이랍니다. 당시 빌라도 총독은 예수님의 죄를 찾지 못했고, 그가 정말 하나님의 아들이면 어쩌나 싶어 두려움이 있었어요. 그래서 유대인들에게 판결을 떠넘기려고 물었지요.

"나는 이 자의 죄를 찾지 못했다. 너희 바리새인들은 예수를 죽이기 원하느냐?"

"십자가 처형! 저 자는 우리의 왕이 아니오! 우리에게는 로마의 왕 외는 없소!"

하지만 무엇보다도 예수님이 십자가 사형을 받으신 것은 사람의 의도가 아니라 하나님의 뜻을 이루기 위하심이에요. 예수님이 이 땅에 오신 순간부터 모든 일은 하나님의 말씀의 완성임을 기억해야 합니다. 더불어 예수님의 죽음을 교만해진 유대인들의 탓으로만 보지 말아야 합니다. 하나님의 말씀에서 벗어나 살고 있는 모든 사람들, **그리고 나와 여러분의 죄가 예수님을 죽게 만든 것입니다. 그러므로 예수님의 죽음과 부활은 나와 상관없는 일이 아닌 것이죠.**

[요한복음 19장] 개역한글

6- 대제사장들과 하속들이 예수를 보고 소리질러 가로되 십자가에 못 박게 하소서 십자가에 못 박게 하소서 하는지라 빌라도가 가로되 너희가 친히 데려다가 십자가에 못 박으라 나는 그에게서 죄를 찾지 못하노라

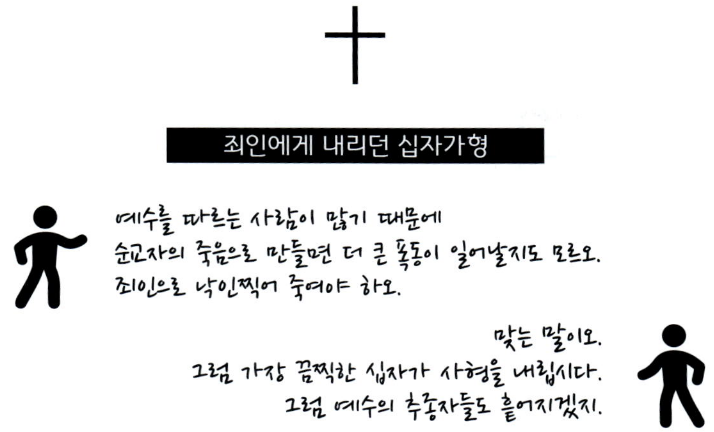

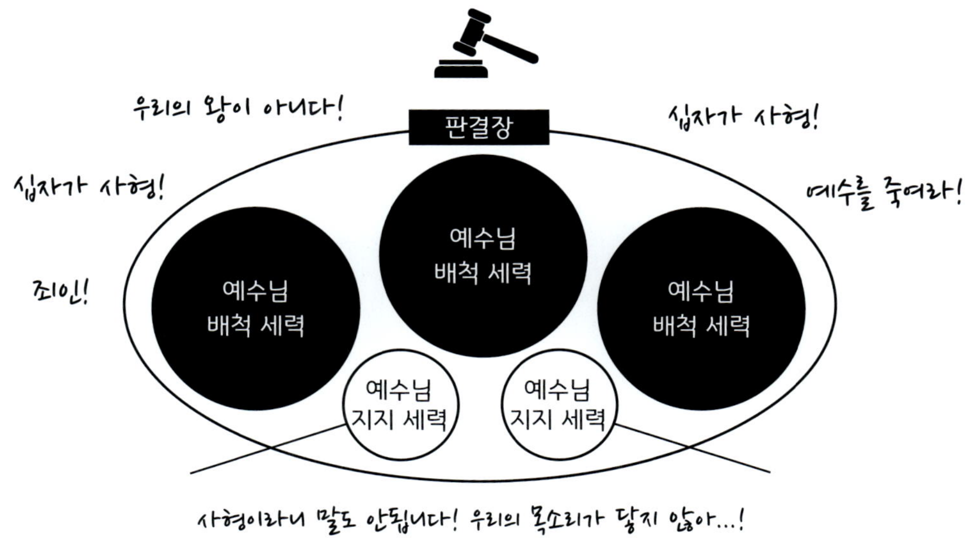

[요한복음 19장] 개역한글

15- 그저희가 소리지르되 없이 하소서 없이 하소서 저를 십자가에 못 박게 하소서 빌라도가
가로되 내가 너희 왕을 십자가에 못 박으랴 대제사장들이 대답하되 가이사 외에는 우리에
게 왕이 없나이다 하니

⑦
손과 발에 못이 박히고 옆 구리에 창이 찔리고 돌아가시다

사형이 확정된 예수님은 대제사장과 바리새인들에게 조롱을 당했어요. 군인들은 예수의 옷을 찢고 나누어 수치심을 주었지요. 예수는 채찍질을 당하며 살과 피가 뜯겨져 나가는 고통을 겪으셨어요. 십자가에는 '유대인의 왕'이라는 조롱의 팻말이 걸렸어요. 이는 유대인들이 예수님을 비웃으면서 적도록 한 문구이지요. 머리에는 가시로 만든 면류관에 씌워졌고, 그 모습으로 십자가에 양손과 두 발이 못 박히셨어요. 참혹한 고통을 겪으신 예수님은 '다 이루었다'라고 말씀하신 후 죽음을 맞이하셨지요. 군인은 예수님이 죽으신 것을 확인하기 위해 옆구리에 창을 찌른 후, 예수님의 시체를 내릴 수 있도록 했어요.

예수님이 돌아가시는 순간 성소 휘장이 위로부터 아래까지 찢어져 둘로 나눠지고, 땅이 흔들려 바위가 쪼개지기도 했답니다. 예수님의 죽음 후 갑작스럽게 찾아온 지진에 사람들은 '그가 정말로 하나님의 아들이었어!'라고 놀라기도 했지요. 이후 예수님의 제자 중 요셉이 예수의 시신을 달라고 하여 깨끗한 세마포로 싸고 새 무덤에 장사를 지냈어요. 그렇게 예수님은 죽음을 맞이하게 되었습니다.

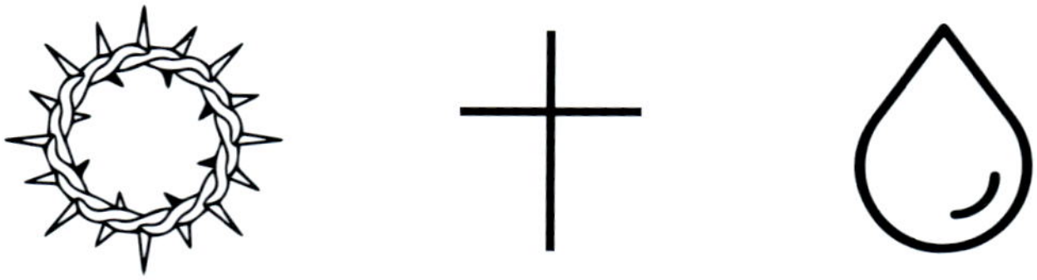

다 이루었다...

[마태복음 27장] 개역한글

31- 희롱을 다한 후 홍포를 벗기고 도로 그의 옷을 입혀 십자가에 못 박으려고 끌고 나가니라

⑧
죽은 뒤 3일 후에 살아나시다

바리새인들과 대제사장들은 예수님이 다시 살아날 것이라고 했던 말을 기억하고 있었어요. 그들은 당연히 예수님의 부활을 믿지 않았지만 대신 제자들이 속임수를 써서 시체를 가져갈 것이라고 생각한 거예요. 그래서 그들은 빌라도에게 찾아가 무덤을 사흘까지 굳게 지켜달라고 당부하고, 빌라도는 경비병을 함께 보내주었습니다. 하지만 우리는 예수님이 부활했다는 사실을 이미 알고 있죠? 네, 맞아요. 무덤을 지키는 사람들이 있었지만 하나님의 일은 아무도 막을 수 없어요. 안식일이 지난 첫날, 예수님을 사랑으로 섬겼던 두 여인이 새벽에 무덤에 찾아가요. 그때 지진이 일고, 예수님의 무덤을 막고 있던 돌이 열린 것을 보게 되죠. 무덤을 지키던 사람들은 정신이 마비가 될 정도로 무섭고 기이한 광경이었어요. 하나님의 천사가 두 여인에게 나타나 말을 했어요.

"무서워하지 말아라. 십자가에 못 박히신 예수님은 여기에 없다. 그분이 말씀하셨던 대로 다시 살아나셨다. 무덤 안으로 와서 그가 누웠던 자리를 한번 보거라."

여인들은 믿을 수 없는 광경에 무서움과 동시에 기쁨을 느꼈지요. 예수님이 정말로 다시 살아나셨으니까요! 두 여인은 곧장 다른 제자들에게 이 기쁜 소식을 알리기 위해 달려갔어요.

[마태복음 28장] 개역한글

5- 천사가 여자들에게 일러 가로되 너희는 무서워 말라 십자가에 못 박히신 예수를 너희가 찾는 줄을 내가 아노라
6- 그가 여기 계시지 않고 그의 말씀하시던대로 살아나셨느니라 와서 그의 누우셨던 곳을 보라

Next Level

"예수님이 나를 위해 죽으셨다고?"

예수님의 죽음이 너무 억울해! 정말 아무 잘못도 없이 돌아가신 거잖아. 또 배신이라니... 아무리 희생이 필요했다고 하지만 **하나님이 적들을 더 멋지게 이길 힘과 능력을 예수님께 주셨으면 좋지 않았을까?**

많은 사람들이 그렇게 생각하기도 했어. 예수님이 붙잡혔을 때의 조롱도 비슷하지. '네가 하나님의 아들이라면 십자가를 벗어나 봐라.' 하면서 말이야. 근데 이런 조롱 어디서 들었던 것 같지 않아? 예수님이 광야에서 마귀의 시험을 당할 때도 비슷한 공격이 있었지. '하나님의 아들이면 돌이 떡이 되게 하라'고 말이야. 예수님은 그때 '사람은 하나님의 말씀으로 산다.'라고 답하시고 시험을 이기셨어. 예수님이 이 땅에 내려와 고통을 당하고 십자가의 죽음을 겪어야 한다는 것을 처음부터 알고 계셨어. 그렇게 명하신 하나님의 말씀에 순종하러 오신 거야. 그리고 **예수님이 싸움에서 승리하는 게 아니라, 누구보다 낮아지며 고통을 감수하게 한 이유는 '사랑의 힘'이 가장 크다는 것**을 보여주신거야. 만약 예수님이 싸워서 이겼다면 기독교의 정신은 '싸움'으로 사랑을 잃었을지도 몰라. 무엇보다도 예수님은 다시 **부활**하셨어. 잠깐의 고통보다 더 큰 영광이 곧 올 것을 알고 계셨지.

DAY.6 예수님의 죽음

6장의 내용을 이해하고 다음 질문을 묵상해봅시다.

1

①~③ 내용을 통해 일부 **유대인 지도자들은 왜 예수님을 죽이려고 했는지** 정리해서 말해봅시다.

2

④ 내용을 통해 가룟 유다가 예수님을 배신한 이유를 생각해 봅시다. 돈의 유혹으로 큰 죄를 짓고 만 **유다와 같은 모습이 우리 안에 없는지 알아봅시다.**

3

⑥~⑧ 내용을 통해 십자가를 묵상해 봅시다. 기독교는 십자가 형상을 중요시합니다. 십자가는 예수님의 고난과 수모를 상징합니다. **내 삶의 그러한 고통의 십자가가 있다면 무엇인지 나눠 봅시다.**

예수님의
부활은 나에게 어떤 의미일까?

"영원한 하나님 나라에서 함께하다."

예수께서 가라사대 나는 부활이요 생명이니 나를 믿는 자는 죽어도 살겠고
무릇 살아서 나를 믿는 자는 영원히 죽지 아니하리니 이것을 네가 믿느냐

- 요한복음 11장 25-26절

7-1

예수님이 부활하셨다고?

예수님은 사흘 뒤에 다시 살아나셨어.

예수님의 부활

죽은 사람이 다시 살아날 수 있을까요? 기술이 아무리 발전해도 죽은 사람을 다시 살리는 방법은 없지요. 사람뿐 아니라 모든 생명이 마찬가지지요. 완전한 죽음을 경험하고 다시 살게 된 사람이 없기 때문에 사후는 미지의 세계입니다. 그런데 지금까지 딱 한 사람, 바로 예수님이 죽은 후 다시 온전한 몸으로 부활하셨다고 기록합니다. 말도 안 되는 일이 가능할 수 있던 이유는 예수님은 정말로 하나님의 아들이기 때문이에요. 이때 누군가는 이렇게 반문할지도 몰라요.

"예수님이 다시 살아나셨다는 그 기록을 어떻게 믿어? 내가 직접 본 것도 아닌데."

그때나 지금이나 그 사실을 믿지 못하는 사람들은 늘 있었어요. 심지어 예수님의 제자까지도 말이죠. 제자 도마는 부활하신 예수님을 보지 못했을 때는 '내 눈으로 확인하기 전까지는 믿을 수 없다'라고 했어요. 그런 도마에게 예수님이 나타나셔서 구멍 난 손과 창에 찔린 옆구리를 보이시며 확인시켜 주신 일도 있었답니다. 어쨌든 지금 우리는 예수님을 직접 보지 못하는 경우가 더 많아요. 어떻게 부활이 사실이란 것을 받아들일 수 있을까요?

"내가 죽은 뒤 사흘 후 다시 부활할 것이다."

[요한복음 2장] 개역한글

19- 예수께서 대답하여 가라사대 너희가 이 성전을 헐라 내가 사흘 동안에 일으키리라

7-2

부활을 어떻게 믿어?

3가지 이유로 설명해볼게.

첫 번째, 수많은 증언

여러분 꼬리가 길면 밟힌다는 말을 아시나요? 거짓은 영원하지 않아요. 언젠가 꼭 진실이 밝혀지게 되어 있거든요. 왜냐하면 거짓은 진실을 숨기기 위해 거듭 씌운 껍데기들이 붙어 있으니까요. 예수님의 부활이 거짓이었다면 2천 년이 넘는 시간 동안 그 비밀이 절대 지켜질 수 없을 거예요. 그 시대가 고도의 발전된 기술이 있던 상황도 아니었는데 말이죠. 고린도전서 15장 내용에는 예수님이 부활하시고 얼마나 많은 사람들에게 모습을 나타내셨는지 나와 있어요. **12제자와 500명이 넘는 사람들**에게 나타나셨다고 해요. 스마트폰 단톡 채팅도 없던 시절에 500명이 넘는 사람들이 **한순간 예수님의 부활에 대해 어떻게 이야기를 맞출 수 있을까요?** 사실이 아니고는 불가능하지요.

반대로 만약 예수님의 부활이 거짓이라고 가정을 한번 해볼까요? 이때 예수님의 시체를 병사와 사람들의 눈을 피해 옮겨 어딘가에 숨겨야 하고, 누군가 예수님의 분장을 하고 나타나야 합니다. 또는 사람들이 부활하신 예수님을 본 모습에 말을

[고린도전서 15장] 개역한글

5- 베드로에게 보이시고 후에 열 두 제자에게와
6- 그 후에 오백여 형제에게 일시에 보이셨나니

맞춰야 할 거예요. 손에 구멍이 있는지 없는지, 옷은 어떤 것을 입었는지 등 말이에요. 그 시대에는 핸드폰 같은 개인 연락 수단이 없었어요. 말을 맞추기 위해서는 직접 전달해야 했죠. 그러한 상황에서 많은 제자들이 한 번에 단합해서 예수님의 부활을 꾸며내기는 거의 불가능에 가깝다고 생각해요. 또한 굳이 예수님의 부활을 주장해서 제자들이 얻는 이익이 무엇이 있었을까요. 기껏해야 자신들의 신념이 틀리지 않았다는 자존심이겠죠. 그정도의 위안을 위했던 것이라면 부활의 복음을 전하기 위해 순교까지 당할리 없었겠죠. 거짓을 지키기 위해 목숨까지 버릴 사람은 없으니까요.

두 번째, 빈 무덤

예수님이 돌아가신 후 무덤에서 시신이 사라진 일은 **역사적 사실**이에요. 만약 시신이 사라지지 않았고 돌무덤도 열리지 않았다면, 예수님의 부활이란 기록은 빠르게 사라졌을 거예요. 많은 제자들이 '부활하신 예수님이 살아나셨다!'라고 증거하고 다닐 때, 병사들이 돌무덤을 열고 시신이 안에 있음을 확인시켜주면 그만이니까요. 또 돌무덤을 지키고 있던 병사가 있었음에도 한순간에 시신이 사라지는 일이 일어났었죠. 그러다 보니 그 당시 로마는 '예수님의 부활'에 대해 **어떤 반박도 할 수 없었어요.** 그 말이 거짓말이라는 어떤 입장도 반박할 거리가 없었으니까요. 돌무덤이 열리던 그때 예수님의 무덤을 찾아왔던 여인들이 보게 하셨어요. 그리하여 무덤을 지키는 병사들이 거짓말을 할 수도 없게 된 거죠.

많은 사람들이 **부활하신 예수님을 봤다는 증언과 빈 무덤 이 두 증거가 함께 있다는 것이 참 중요해요.** 그 오랜 시간 동안 많은 학자들이 연구했을 텐데도 어떤 논리로도 반박되지 않았기 때문에, 예수님의 부활은 사실이라는 답에 이르게 된답니다.

[마태복음 28장] 개역한글

2- 큰 지진이 나며 주의 천사가 하늘로부터 내려와 돌을 굴려 내고 그 위에 앉았는데

세 번째, 확장되는 열매

만일 예수님의 부활이 거짓이라면, 예수님이 돌아가신 후 제자들은 뿔뿔이 흩어져 각자의 삶으로 돌아갔어야 당연해요. 설령 부활을 외친다 한들 일시적이겠죠. 복음을 전하기 위해 여러 나라를 돌아다니고, 고문을 받으면서까지 왜 그 믿음을 지키겠어요? 전쟁에서 중요한 승리 전략 중 하나는 적의 장군의 먼저 잡거나 죽이는 것이에요. 장군이 죽으면 그 아래 있는 병사들은 갈피를 잡지 못해요. 장군 1명 사라진 것뿐인데 왜 멈추게 될까요? 이상하죠? 장군을 믿고 따랐는데, 그 믿음의 대상이 죽으면 아무리 수천 명의 병사들이 있어도 희망이 꺾이기 때문이에요. 하물며 훈련된 병사들도 아닌 평범한 제자들이 진짜 살아나신 예수님을 만나지 못했다면, 그렇게 열정적으로 사명을 위해 싸우지 못했을 것이죠. 그렇게 구원의 복음은 그 열매가 죽지 않고 지금까지 이어오고 있답니다.

믿음을 주시는 은혜

사실 예수님의 부활에 대한 어떤 증거를 제시해도 믿기지 않으면 소용없으니까요. 그 **믿음의 시작은 하나님이 주시는 은혜**로 가능하답니다. 사람은 스스로 하나님을 찾거나 믿을 수 없기 때문이에요. 조금 어렵죠? 하지만 만일 여러분이 이 모든 이야기에 관심이 생기고, 예수님을 더 알고 싶어지고, 부활을 받아들이기 어렵지 않다면, 그 마음에 하나님의 **성령**이 찾아오셨다는 것을 꼭 말씀 드리고 싶어요. 그런 여러분은 이제 하나님의 놀라운 사랑과 계획을 경험하게 되실 것이랍니다.

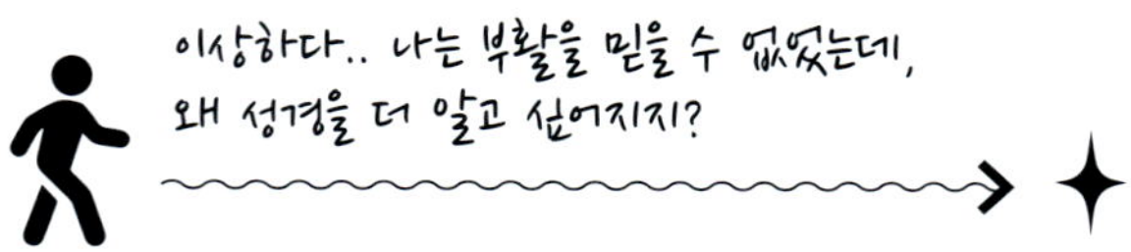

[베드로전서 5장] 개역한글

10- 모든 은혜의 하나님 곧 그리스도 안에서 너희를 부르사 자기의 영원한 영광에 들어가게 하신 이가 잠깐 고난을 받은 너희를 친히 온전케 하시며 굳게 하시며 강하게 하시며 터를 견고케 하시리라

7-3

과거의 예수님이 지금의 나랑 상관이 있을까?

예수님은 지금도 살아계셔서 너를 사랑하셔.

복음

예수님의 부활 이야기가 놀랍다는 것을 인정해도 그게 나와 무슨 상관이지?라고 생각하시는 분들도 있으실 거예요. 자, 이제까지 이 책의 내용을 풀어 온 목적! 바로 '복음'을 제대로 전할 때가 되었네요. 복음을 온전히 이해하기 위해 하나님의 창조부터 시작해서 인간의 죄 그리고 예수님의 구원 사역까지 설명할 필요가 있었거든요. 하나씩 되짚어 보도록 할까요?

세상의 모든 생명은 어떻게 되나요? 언젠가 죽음을 맞이해요. 사람도 마찬가지지요. 나와 여러분은 모두 시간이 지나면 죽게 돼요. 이 세상을 주인이신 창조주 하나님을 믿게 된다면, 하나님이 말씀하신 죽음 이후, 부활을 믿을 수밖에 없지요. 그 모든 내용이 성경에 쓰여 있답니다.

하나님 나라는 어떤 곳일까? 사람은 죄로 인해 하나님과의 관계가 끊어져 버렸어요. 영원한 하나님 나라에서 살아가기 원한다면 당연히 끊어진 관계가 회복돼야 해요. 하나님 나라는 사랑이신 하나님이 계신 곳, 기쁨과 평안이 충만한 곳이에요.

하나님과의 관계는 어떻게 회복할 수 있을까요? 나의 죄를 회개하고 오직 믿음으로 구원받을 수 있어요. 하지만 사람은 눈에 보이지 않는 하나님을 믿는 일이 어려웠지요. 그래서 하나님의 아들 예수님을 우리에게 보내주셔서 놀라운 일들을 하시며, 진리와 구원을 전하게 하셨어요.

왜 예수님을 믿어야 할까요? 하나님은 당신의 사랑을 성경 말씀으로 기록해 우리에게 주셨어요. 성경의 구약과 신약에는 예수 그리스도의 대해 증거하고 있는 수 많

[요한복음 17장] 개역한글

2- 아버지께서 아들에게 주신 모든 자에게 영생을 주게 하시려고 만민을 다스리는 권세를 아들에게 주셨음이로소이다
3- 영생은 곧 유일하신 참 하나님과 그의 보내신 자 예수 그리스도를 아는 것이니이다

은 내용들이 있답니다. 요한복음 14장 6절을 통해 예수님의 말씀을 기억합시다. '예수께서 이르시되 내가 곧 길이요 진리요 생명이니 나로 말미암지 않고는 아버지께로 올 자가 없느니라.'

예수님의 부활은 어떤 의미를 가질까? 부활이 없다면 예수님 십자가 이야기는 신화나 판타지로 전략해버렸을지도 몰라요. 결정적으로 부활하신 예수님이 신이었음이 증명됐기 때문에, 우리는 예수님을 하나님의 아들로 믿을 수 있는 것이죠. 예수님의 부활은 죽음 이후에 우리가 살아가는 또 다른 삶이 있다는 것, 예수님이 말씀하신 모든 내용이 사실이라는 것을 증명해요. 또 예수님은 2천 년 전에 죽음으로 끝나지 않으셨어요. 지금도 하나님 나라에 살아 계시지요. 우리가 이 세상에서 죽음 이후 하나님 나라에 가기 위해서는 이 모든 사실을 믿고 예수님을 따르는 사람이 돼야 합니다.

왜 복음이 기쁜 소식일까? 여기에 가장 중요한 핵심이 있습니다. 이 모든 놀라운 일들은 하나님이 나를 너무나 사랑하시기 때문에 일어났다는 점이에요. 나를 사랑하셔서 그의 아들을 죽이시면서까지 구원 사역을 진행하신 것이에요. 예수님의 복음은 제외되는 대상이 없어요. 조건 없이 모두에게 주어진 크고 넓은 사랑입니다. 죄로 인해 죽음 이후에도 영원히 고통받을 수 있었던 우리가 하나님 나라에 들어가는 구원을 받을 수 있게 된 사실은 가장 귀한 기쁜 소식이 아닐 수 없답니다.

하나님의 사랑을 어떻게 느낄 수 있나요? 예수님은 자신을 찾는 사람은 만나주신다고 했습니다. 예수님이 곧 하나님이기 때문에, 예수님께 나아가는 사람은 하나님의 사랑 안에 들어가게 됩니다. 왜냐고요? 하나님이 바로 사랑 그 자체 이 시기 때문이랍니다. 이 세상의 모든 사랑의 형태는 하나님의 속성에서 나온 것이에요. 그 모든 사랑을 담고 더 넘치는 위대한 사랑이 여러분을 찬란하게 감싸나갈 것입니다. 고린도후서 5장과 로마서 8장을 읽으며 하나님의 사랑을 묵상해 봅시다.

[요한일서 4장] 개역한글

9- 하나님의 사랑이 우리에게 이렇게 나타난바 되었으니 하나님이 자기의 독생자를 세상에 보내심은 저로 말미암아 우리를 살리려 하심이니라

[고린도후서 5장]

14- 그리스도의 사랑이 우리를 사로잡고 있습니다. 우리는 확신합니다. 한 사람이 모든 사람을 대신하여 죽었으므로, 모든 사람이 죽은 것입니다.

15- 그리스도께서 모든 사람을 대신하여 죽으신 것은 살아 있는 사람들이 더 이상 자기 자신을 위해 살지 않고, 자신들을 위해 죽었다가 다시 사신 분을 위해 살게 하려는 것입니다.

16- 그러므로 우리는 이제부터 그 어떤 사람도 세상의 관점으로 알지 않겠습니다. 전에는 우리가 그리스도에 대해서도 세상의 관점으로 알았으나, 이제는 더 이상 그렇게 하지 않겠습니다.

17- 그러므로 누구든지 그리스도 안에 있으면 새로운 창조입니다. "이전 것들은 지나갔고, 보십시오. 새 것들이 와 있습니다.

[로마서 8장]

35- 누가 우리를 그리스도의 사랑에서 끊을 수 있겠습니까? 환난입니까? 아니면 어려움입니까? 핍박입니까? 그렇지 않으면 굶주림입니까? 헐벗음입니까? 위험입니까? 아니면 칼입니까?

38- 나는 확신합니다. 죽음이나 생명이나, 천사들이나 하늘의 권세자들이나, 현재 일이나 장래 일이나, 어떤 힘이나,

39- 가장 높은 것이나 깊은 것이나, 그 밖의 어떤 피조물이라도 우리를 우리 주 그리스도 예수 안에 있는 하나님의 사랑에서 끊을 수 없습니다.

아가페 쉬운성경

[요한복음 10장] 개역한글

9- 내가 문이니 누구든지 나로 말미암아 들어가면 구원을 얻고 또는 들어가며 나오며 꼴을 얻으리라

7-4

예수님의 부활이 우리에게 희망이라고?

죽음을 이기고 승리하셨으니까.

예수님의 승리

예수님의 부활은 그저 경이롭고 기적 같은 소식이 아니에요. 그 안에는 '승리'가 들어 있기 때문에 무엇보다도 **기쁜 소식**이랍니다. 어떤 승리냐고요? 바로 이 세상의 **죄와 죽음에서 승리**랍니다! 예수님은 자신만 부활한다고 하지 않으셨어요. **모든 사람**이 부활할 것이라고 말했고, 그중에서도 자신을 믿는 자는 구원을 받을 것이라고 한 것이지요. 그러므로 예수님의 부활이 과거 사건이라도, 나의 현재와 미래에도 적용되고 있는 특별한 소식인 것이죠. 이 기쁜 소식이 나의 삶에 온전히 적용되기 위해서는 필요한 **믿음과 태도**가 있습니다.

▸ 이미 주어진 결과

갑자기 무시무시한 전쟁이 터졌다고 상상을 한번 해봅시다. 거리는 피폐해지고, 수시로 날아오는 공격으로 언제 죽을지 모르는 공포로 살아갑니다. 모든 평범한 일상은 멈춰졌고, 사람들은 난민이 되어 목숨을 지키기 위해 떠돌며 살아갑니다. 나는 전쟁에 참여하여 적과 싸우는 상황입니다. 전쟁에서 승리할 수 있을지, 언제 끝날지 알지 못한다면, 공포와 절망감이 크게 다가올 것입니다. 이때 미래에서 온 누군가가 전쟁에서 승리하고 곧 끝난다고 말한다면 어떨까요? 물론 그 말을 갑자기 믿기 힘들겠지만, 그 사람이 정말로 미래에서 왔다는 증거들을 보여준다면 말이에요. 그 말을 믿게 된 사람들은 더 이상 전쟁이 절망적이지 않을 것이에요. 곧 승리가 주어진다는 것을 알게 됐으니까요. 지금 당장 상황이 힘들고 어렵지만, 소망이 생겨났습니

[고린도전서 15장] 개역한글

57- 우리 주 예수 그리스도로 말미암아 우리에게 이김을 주시는 하나님께 감사하노니

다. 그러나 그 말을 믿지 않는 사람들은 여전히 두려움 속에서 살아가야 합니다. 예수님은 죽음을 이기고 승리하셨고, 우리에게도 그 승리가 이미 주어졌다고 말했습니다. 그 말을 믿는 사람들은 현재의 삶이 어떤 모양이든 소망을 붙잡을 수 있게 되었습니다. 하지만 예수님과 그 소식을 믿지 못하는 사람들은 미래의 소망이 없기 때문에, 현재의 삶이 무엇보다 중요해지는 것입니다. 그러므로 예수님이 부활하셨다는 사실과 우리에게 승리가 이미 주어졌다는 그 결과를 믿는 자는 현재에 찾아오는 여러가지 두려움을 이기며 살아갈 수 있게 된답니다.

▸ 시련을 이기는 인내

이미 승리했다는 미래의 결과만 알고 있다고 내 삶이 완전히 변화되지는 않습니다. 이번에는 이런 비유를 한번 보도록 할게요. 우리나라에서 오래전부터 내려온 단군신화를 들어보셨나요? 이야기는 이렇습니다. 사람이 되고 싶던 곰과 호랑이는 그 방법을 알게 됩니다. 100일 동안 쑥과 마늘만 먹으며 지내야 하는 것이죠. 두 동물은 처음에 열심히 그 생활을 지켰지만, 고기를 좋아했던 호랑이는 식성을 이기지 못하고 실패하고 맙니다. 반면 곰은 지루하고 힘든 그 시간을 우직하게 인내합니다. 그리하여 곰은 100일 동안 쑥과 마늘만 먹는 일에 성공하여 '웅녀'라는 여자가 되었다고 합니다. 곰과 호랑이는 모두 미래의 약속을 똑같이 알고 있었습니다. 믿지 못한 게 아니었죠. 하지만 호랑이는 믿음안에서 버텨내야 했던 고통의 시간을 인내하지 못했던 것이에요. 그 결과 사람이 되고 싶었던 호랑이는 실패하고 똑같이 동물로 살아가야 했어요.

믿음 생활도 시련을 이기는 인내가 필요합니다. 이미 주어진 승리를 알고 있음에도 현재 상황의 어려움으로 힘들다고 신앙을 포기하고 만다면 구원의 약속을 받을 수 없게 되는 것이지요. 그러므로 우리는 **예수님의 부활 승리 소식과 그 믿음을 포기하지 않는 신앙생활을 할 때 비로소 복음의 기쁜 소식이 나의 것**이 된답니다.

[히브리서 10장] 개역한글

36- 너희에게 인내가 필요함은 너희가 하나님의 뜻을 행한 후에 약속을 받기 위함이라

Next Level

"예수님을 믿으면 나도 구원받는다고?"

하나님의 창조부터 예수님의 죽음과 부활까지 내용이 정말 놀라워. 그동안 기독교에 대해 간단히 알고 생각했던 이미지와 많이 다른 것 같아. 특히 사랑에 관한 부분! 하나님과 예수님이 사람을 이토록 사랑하시고 계신 줄은 몰랐거든. **나는 자신감도 약하고 다른 사람들에 비해 별 볼일 없다고 생각해왔는데, 이런 나도 예수님을 만나면 달라질까?**

당연하지! 예수님은 차별하지 않으시는 분이야. 아니 오히려 너처럼 낮은 마음을 갖고 있는 사람을 귀하게 여기셔. 그 마음에는 겸손이 있기 때문에 말이야. 하나님의 사랑은 내가 얘기해 주는 것만으로는 다 알 수 없어. **이제부터 그 사랑을 직접 체험해 본다면 놀라운 삶의 변화가 일어날 거야.**

무엇보다도 하나님을 신뢰하며 사는 것은 참된 평안을 줄 거야. 하나님은 우리에게 자유와 믿음, 복의 축복을 주셨어. 그리고 정말 놀라운 것은 하나님께서는 당신의 말씀을 지키기 위해서 예수님을 보내신 것뿐만 아니라 그분의 탄생에서부터 죽음과 부활의 세세한 내용까지도 말씀에 기록된 대로 지키셨다는 거야. **하나님이 우리에게 주신 모든 약속은 다 이루어졌어. 그런데 딱 하나, 아직 안 이루어진 약속이 있어.**

"예수님이 다시 오신다고?"

아직 안 이루어진 약속이라니? 그게 뭔데?

바로 예수님이 다시 이 땅에 오신다는 거야. 부활하신 예수님께서 승천하시며 말씀하셨고, 성경에도 그 재림의 약속이 기록되어 있어. 우리는 이 약속을 이제 믿을 수밖에 없겠지?

너 말대로 모든 약속을 다 지키셨는데, 그건 정말 이루어질 수밖에 없잖아. 그런데 뭔가 예수님께 죄송한 마음이 생기네. 나의 죄 때문에 예수님이 대신 죽으셨자나.

소리야, 나도 마찬가지야. 예수님은 우리를 탓하기 위해 오시지 않았어. 오히려 그 무거운 마음을 자신에게 맡기라고 하셨어. 죄인을 위해서 오셨다고 말이야. 널 그만큼 사랑하신다는 거야. 자기 몸과 자기 생명과 맞바꿀 만큼 네 존재가 귀한 거야. 예수님이 나를 위해 죽으셨다는 사실에 죄송한 마음이 든다면, **이제 네가 예수님께 나아갈 차례야. 먼저 널 구원으로 초대하신 그분은 용서하시고 사랑한다고 따뜻하게 품어주실 거야.**
자, 그럼 나와 같이 **기도**를 한번 해보지 않을래?

지금까지 내용을 숙지했다면 다음 기도문을 함께 읽어봅시다.

하나님 아버지

이 세상을 창조하신 전능하신 하나님이 나를 만드셨다는 것을 믿습니다. 죄로 인해 죽을 수밖에 저희를 구원하여 주시고자 하나님의 아들 예수님을 이 땅에 보내주셔서 감사합니다. 예수님은 나의 죄를 위해 십자가에 못 박히셨습니다. 그 죽음을 이긴 부활의 능력을 믿고 오직 예수님만을 의지하고 싶습니다. 예수님을 알지 못한 채 내 마음대로 살아왔던 지난날을 용서해 주세요.

나를 위해 죽으시기까지 사랑하신 예수님을 이제 제가 진심으로 만나길 원합니다. 무엇으로도 끊을 수 없는 크고 완전한 하나님의 사랑을 가득 채워 주셔서 제 삶이 온전히 변화될 수 있도록 도와주세요. 그리하여 앞으로 살아계신 예수님과 함께 믿음으로 살아가는 사람이 되길 원합니다. 예수님의 이름으로 기도합니다. 아멘

†

하나님의 사랑이 우리에게 이렇게 나타난바 되었으니
하나님이 자기의 **독생자**를 세상에 보내심은
저로 말미암아 우리를 살리려 하심이니라

요한일서 4장 9절

믿음의 기본 다지기, 초신자 복음
7-days master

초 판 | 2022년 4월 17일
지은이 | 북샤인
편 집 | 한서원
디자인 | 김효선
검 수 | 류한승, 박대현, 우희민, 김호신, 이수진
출판사 | 북샤인
사이트 | bookshine.co.kr
메 일 | book-shine@naver.com

- 책에 사용된 성경 말씀은[아가페 쉬운성경] 45구절과 그 외는 [개역한글]버전을 사용했습니다.
- 잘못된 내용이나 오탈자는 메일로 알려주시기 바랍니다.

당신은 하나님의 사랑하는 자녀입니다.
당신을 영원히 구원하시기 위해 예수님이 이 땅에 오셨습니다.
당신이 돌아오길 기다리고 계시는,
부활하신 예수님을 소개합니다.